KB200851

나에게 폭풍이 왔다

Originally published in English under the title

LIFE AFTER THE STORM

by Jan Harrison

Copyright © 2015 by Jan Harrison

Published by Harvest House Publishers
Eugene, Oregon 97402, U.S.A.
www.harvesthousepublishers.com

All rights reserved.

This Korean edition copyright © 2016 by Kyujang Publishing Company

이 한국어판의 저작권은 Harvest House Publishers사와 독점 계약한 규장 출판사에 있습니다.
신 저작권법에 의하여 한국 내에서 보호 받는 저작물이므로 무단 전재와 무단 복제를 금합니다.

내 인생의 폭풍과 맞서는 법

나에게 폭풍이 왔다
LIFE AFTER THE STORM

잰 해리슨

규장

친애하는 친구들에게

회망을 향해 발걸음을 내딛는(Stepping toward hope) 당신의
회복 여정에 동참하게 되어서 매우 영광이라고 생각합니다.
당신이 가장 깊은 어둠 속에 있을 때 예수님은 선물입니다.
예수님은 당신을 폭풍의 반대쪽으로 인도하실 능력을 가지
고 계십니다. 그러니 용기를 내십시오. 당신이 예수님께 도
달하게 될 때, 당신의 믿음이 영광을 누리게 될 것입니다. 그
분은 실망하지 않으실 것입니다.

당신을 섬길 수 있음에 축복받은
잰 해리슨

Life 차례

AFTER
THE STORM

Part 3 폭풍이 지나간 후의 삶

LIFE AFTER THE STORM

Part 1

폭풍 구름이
몰려오다

"여보, 제임스가 오늘 죽었대."
찬란했던 가을날이 느닷없이 어두워졌다.
삶의 모든 것이 바뀌는 순간이었다.

Chapter 1

나에게 폭풍이 왔다;

주님의 계획이 있다

노스캐롤라이나의 10월 초 화창한 오후, 살아 숨 쉰다는 것이 기쁘게 느껴지는 날이었다. 구름 한 점 없는 푸른 하늘, 눈부시게 빛나는 태양, 노랗게 물든 나뭇잎은 가을이 성큼 다가왔음을 알려주었다. 변화의 기운이 감도는 그런 오후였다.

집 안에 마련해둔 사무실에서 일하고 있을 때 구두 발소리가 들렸다. 밖을 내다보니 남편이 현관에 우두커니 서 있었다. 바쁘게 일하고 있을 오후 시간에 무엇 때문에 집에 왔을까 궁금한 한편 중요한 모임에 갔어야 할 사람이 집에 와서 놀라기도 했다. 남편은 안방으로 따라 들어오라고 말없이 손짓을 했다. 나를 바라보는 남편의 고통스러운 표정에서 무언가 단단히 잘못되었음을 알아차렸다.

남편이 작은 소리로 말했다.

"여보, 제임스가 오늘 죽었대."

찬란했던 가을날이 느닷없이 어두워졌다. 삶의 모든 것이 바뀌는 순간이었다. 가슴이 찢겨나가는 듯이 아파왔다. 그러나 우리 외아들 제임스가 왜 갑작스럽게 죽었는지 상세히 알아보기 위해 애썼다. 저 멀리 아프리카에서 봉사하던 제임스가 어떻게 죽었는지 남편도 나도 아는 바가 없었다. 우리 인생에 갑자기 짙은 안개가 드리워지면서 온몸이 떨려오기 시작했다. 내 마음 깊은 곳에서 충격의 고통과 끔찍한 두려움이 치솟았고, 낯선 비명이 목구멍에서 터져 나왔다. 마치 누군가가 모래 위에 굵은 선 하나를 그어놓은 것 같았다. 이제 시간은 제임스가 죽기 이전과 이후로 표시되리라는 생각이 들었다.

남편과 나는 슬픔과 비탄이라는 어둡고 위험한 여정으로 내몰렸다. 돌아갈 길은 없었다.

기꺼이 당신과 걷고 싶다

한 번도 걸어본 적 없는 길을 어떻게 걷는가? 가족을 죽이고 꿈을 파괴하겠다고 위협하는 폭풍에 어떻게 맞서는가? 변덕스럽고 혼란한 인생의 사건으로 파선당하지 않으려면 어떻게 해야 하는가?

나의 기쁨이었던 27세 외아들의 죽음은 내게 극적인 혼란을 가져왔다. 어쩌면 당신은 어떤 질병을 판정받거나, 중독증에 빠지거나, 교통사고를 당하거나, 장애를 입거나, 버려지거나, 거절당하거나, 이혼하거나, 아기를 갖지 못하거나, 실직을 해서 정서적으로나 물질적으로 불안했을 때 그런 혼란을 경험했을지도 모른다. 이런 상황을 겪을 때 우리는 나침반도 없이 그저 살아남기 위해 망망대해를 표류하는 것처럼 느낀다.

내가 당신의 심정에 충분히 공감하고 걱정하고 연민을 느낀다는 것을 알리고 싶다. 물론 다른 사람의 환경이나 독특한 경험을 완벽하게 이해할 수 있는 사람은 없다. 그러나 당신이 아픔과 슬픔과 절망을 잘 이겨낼 수 있도록 누군가가 기꺼이 같이 걸어준다는 사실을 알면 위로를 받을 수 있다. 당신이 혼자 눈물의 오솔길을 걸을 때 당신을 격려하기 위해 당신에게 다가가는 삶, 나는 그것을 특권이자 축복이라고 생각한다. 나의 목적은 해답을 주는 데 있지 않다. 해답을 발견할 수 있도록 돕는 데 있다.

어쩌면 당신은 개인적인 문제로 슬퍼하거나 아픔을 이겨내기 위해 몸부림치는 자녀, 친척, 친구의 짐을 나눠지고 가는 중일지도 모르겠다. 사실 인생의 모든 면이 다른 사람들과 관련되어 있기 때문에 사랑하는 사람들의 짐을 나눠지는 삶은 불가피하다. 나 역시 자식들이 모두 성장해서 각자 가정을 꾸린 요즘, 당연하지만 새삼 놀랍게 다가오는 진리가 있다.

"엄마는 죽을 때까지 엄마이다."

자식들에 대한 관심과 걱정은 온전히 나의 몫이다.

우리는 부모가 나이를 먹으면 자식과 부모의 역할이 뒤바뀐다는 점을 알게 되면서 긴장하고 불안해한다. 또 많은 일들을 결정하다 보면 진이 빠지기도 하고, 몇 세대의 역할과 요구를 세심하게 조화시키려고 애쓰는 것이 종종 너무 벅차기도 하다.

우리 가운데 몇몇은 다른 사람들이 저지른 일 때문에 달갑지 않은 소용돌이에 휘말리기도 한다. 어쩌면 당신은 믿을 만하다고 여겼던 어떤 사람에게 성폭행을 당했거나, 억울한 비난과 거짓 모함을 당했거나, 사기를 당했을지도 모른다.

우리는 사람들에게 둘러싸여 있을 때조차 외로움을 느낀다. 우리에게 일어난 일 때문에 사람들이 우리를 원하지도 않고 받아주지도 않는다고 확신한다. 이렇게 수치심이나 죄책감을 안고 살다보면 절망적이고 우울한 감정에 짓눌리기 일쑤다. 자신의 좋지 않은 결정이나 잘못으로 여러 문제를 겪는 중이라는 사실을 깨달으면 더더욱 깊은 절망에 빠져들고 심지어 죽고 싶은 마음까지 든다.

어쩌면 지금 우리는 혼자서 폭풍을 뚫고 나가기 위해 애쓰고 있을지도 모른다. 혹은 든든한 지원자들이 우리를 에워싸 돕고 있는지도 모른다. 그러나 어떤 경우라 해도 어느 시점이 되면 아픔을 이겨내든지 그러지 못하는지는 아픔을 어떻게 처리하기로 마음먹느냐에 달렸다. 결국 일상을 혼란스럽게 하는 사건이나 실망스러운 일들이 우리 삶에 어떤 작용을 하느냐 하는 문제는 자신의 태도와 행동에 따라 결정되는 것이다. 과연 폭풍이 우리를 망치도록 내버려둘 것인가, 아니면 폭풍을 통해 우리를 강하게 단련할 것인가?

인생의 폭풍을 직접 겪어본 사람으로서 당신에게 소망과 격려의 말을 건네도 되겠는가? 폭풍 이후의 삶이 있다. 언제나 반대쪽으로 이끌어주는 여정이 있다. 부디 내게 당신의 손을 이끌어 예수님이 내밀고 계신 손을 잡을 수 있도록 일해주시기를 기도드린다. 예수님은 당신을 이끌고 폭풍을 헤쳐나가실 것이며 위기 상황 반대쪽으로 당신을 데려가실 것이다.

폭풍에 대한 정의

나는 일상을 혼란스럽게 하는 모든 사건과 상황을 '인생의 폭풍'(a life storm)이라고 정의한다. 이런 사건과 상황은 다양한 형태, 다양한 규모와 파괴력으로 들이닥친다. 때로는 예측 가능하지만 때로는 돌발적이다. 대기권 밖에서 지구 환경을 관찰하는 인공위성은 지구상에 한 번에 2천 개의 폭풍이 발생한다고 보고한다. 즉, 우리가 어디로 시선을 돌려서 누구와 이야기를 나누든지 모든 사람은 폭풍으로 들어가거나, 이미 폭풍 한가운데를 지나거나, 폭풍 밖으로 나오는 중인 셈이다.

나는 16년 동안 여성들에게 성경을 가르치며 여성들이 마주하는 다양하고 어려운 문제들에 대해 이야기하는 기회를 많이 가졌다. 우리는 각양각색의 사람들과 환경을 위해 기도했고 서로에게 괴롭고 어려운 심정을 털어놓기도 했다. 나 역시 외아들을 잃은 혹독한 아픔을 겪으며 누군가의 보살핌에 목말라했기에, 다른 사람들이 겪는 쓰라린 시련에 누구보다 더 민감하게 공감했다.

- 남편과 함께하고 싶은 일이 정말 많던 아내가 갑자기 과부가 된다.
- 독신인 친구가 또 다른 사람과의 관계에 실패한 뒤 절망한다.
- 젊은 엄마가 자녀의 뼈암 판정 이후 시련을 극복하려고 몸부림친다.
- 부모가 자폐증 자녀를 둔 삶의 의미를 받아들이기 위해 허덕인다.
- 반항적인 십대 자녀 한 명 때문에 온 가족이 무너지고 분열된다.
- 어떤 아내가 남편이 심각한 포르노중독이라는 사실을 발견한다.
- 성인이 된 딸이 엄마를 만족시키거나 기분을 맞춰주려고 애쓴다.
- 불임인 여성이 마음고생을 하며 아기 갖기를 간절히 원한다.

이런 상황들은 조각난 꿈과 희망을 보여주는 많은 사례들 중 몇 가지를 대표한다. 이런 문제들에 대한 답이 정말 있는지 의심스러운가? 나는 답이 있다는 사실을 분명히 알고 있다. 인생이 갑자기 혼란스러워지고 극적으로 바뀌는 경험을 해보았기 때문이다. 그렇지만 나는 하나님의 계획이 있다는 멋진 소망과 절대적인 확신을 가지고 산다. 그리고 이 동일한 확신과 소망을 당신에게 나누고 싶다. 당신의 환경과 폭풍도 예외가 아니기 때문이다. 확신과 소망을 가지라는 이 제안에 아무도 열외는 없다.

영원히 불 것처럼 느껴지는 폭풍

인생의 폭풍은 삶의 다양한 부분에 손실을 가져온다. 즉, 특정한 환경에서만 부는 경우는 거의 드물다. 폭풍이 명확하게 시작되거나 끝나는 날짜는 없다. 사실 우리에게 찾아온 많은 폭풍은 우리의 인생에 지속적인 영향을 끼치고 후유증을 남길 것이다. 남편의 외도를 알아차린 아내를 예로 들어보자.

아내가 남편의 이메일에서 다른 여자의 존재를 처음 발견했을 때 인생의 폭풍은 그녀에게 엄청난 고통을 퍼부었다. 배신의 증거가 더 나오고 진실이 명확히 드러나면서 폭풍은 이제 그녀와 자녀들을 바꿔놓기 시작한다. 그들의 안도감과 안정감에 해로운 영향을 끼칠 뿐만 아니라 깊은 상처를 입혀서 가정생활에 심각한 혼란을 일으키고 가정의 기초마저 허물어뜨린다. 아무 잘못도 없는 자녀들이 죄와 혼란의 거미줄에 걸려 끌려가고 이런 상태는 종종 다음 세대까지 이어진다. 이런 거센 조류에 휩쓸리지 않기 위해서, 인적 끊긴 해변에 떠다니는 쓰레기처럼 파도에 떠밀리지 않기 위해서 무엇을 할 수 있을까?

어쩌면 당신은 저 멀리 감도는 먹구름을 보고 방금 들은 천둥소리가 그 구름에서 나온 소리인지 아닌지 확인하기 위해 귀를 기울이는 중일지도 모른다. 폭풍이 일어날 것 같은 조짐이 의식의 지평선 어디선가 보이는가? 어쩌면 당신은 인생의 날이 서서히 어두워지고 바람이 불기 시작했기 때문에 안전하게 피할 곳을 찾아 종종걸음을 치는 중일지 모른다. 이미 당신에게 폭풍이 사납게 불어닥치고 있는지도 모른다. 번개가 어두컴컴한 하늘을 뚫고 내리꽂힌다. 귀가 먹먹할 만큼 파도가 치기 시작한다. 맹렬하게 부는 바람에 모든 것이 넘어지고 뿌리째 뽑힌다. 부서지고 파괴된 파편들이 땅바닥에 흩어진다. 어쩌면 당신 인생의 폭풍이 잠시 소강상태인지도 모른다. 폭풍의 눈이 당신 위에 맴돌고 있고 아직 끝나지 않았다는 사실을 알고 있다.

예수님은 당신을 버리지 않으셨다

성경에는 상상하지 못한 두려운 환경에 처한 사람들의 이야기가 가득하다. 그들은 오늘 우리가 경험하는 혼란과 절망을 똑같이 느꼈다. 만일 당신이 다른 무엇과 비교할 수 없을 만큼 고통스럽고 환멸을 느끼고 두려운 폭풍을 마주하기 직전이라면 어떻게 행동할까?

예수님의 열두 제자들이 최후의 만찬을 위해 예수님과 함께 앉았던 때를 생각해보라. 열두 제자들은 앞서 3년 동안 놀라운 모임에 참석했고 많은 이적들을 목격했다. 그러나 그들은 방금 예수님과 마지막 식사를 했다는 사실을 몰랐다. 예수님이 하시는 많은 말씀들을 들었지만 말씀의 의미를 모두 이해했던 것은 아니다. 어떤 말씀들은 영적으로 계시되었기 때문에 그들이 지적으로 이해하지 못하기도 했다.

열두 제자들은 우리와 매우 비슷했다. 눈으로 볼 수 있는 일들, 이해한다고 생각하는 일들에 그들의 초점을 맞추고 있었다. 지금의 환경에 정신을 쏟았고, 심지어 장차 차지할 자리와 지위에 신경을 썼다. 엄청난 위기 상황이 열두 제자들을 기다리고 있었다. 예수님은 배신당하고, 체포되고, 유죄판결을 받고, 십자가에 못 박히기 직전이었다. 예수님과 함께 앉은 열두 제자들은 그다음 사흘이 얼마나 캄캄하고 견디기 어려울지 전혀 알지 못했다. 더욱이 예수님은 "오늘 밤에 너희가 다 나를 버리리라"(마 26:31)는 말씀까지 하셨다.

무엇이 열두 제자들을 기다리고 있는가? 부인, 배신, 절망, 두려움, 근거 없는 비난, 위협, 욕설, 거짓말, 질투, 분노, 자살, 도망, 헛소문, 잔인함, 실망, 고통, 슬픔, 목표 상실, 가망 없음, 방향을 잃은 날들, 미래의 꿈과 계획과 지위의 죽음이 바로 그것이었다.

그러나 예수님은 이런 폭풍이 휘몰아치기 전에 제자들에게 약속하셨다. 이것은 우리가 종종 보지 못하고 지나쳤던 성경 구절 안에 감추어진 약속이다. 예수님은 이렇게 말씀하셨다.

"그러나 내가 살아난 후에 너희보다 먼저 갈릴리로 가리라"(마 26:32).

이 말씀의 뒷부분을 주의 깊게 살펴보기 바란다.

"내가 너희보다 먼저 갈릴리로 가리라."

예수님은 죽은 자들 가운데서 다시 살아나겠다고 막연하게 말씀하시지 않았다. 위기 상황이 지난 뒤 제자들과 어디에서 다시 만날지 구체적으로 말씀하셨다. 즉, 갈릴리에서 다시 만날 것이라고 하신 것이다. 예수님은 제자들이 다가오는 위기 상황을 이겨내고 폭풍 이후의 삶을 살게 될 것이라고 명확하게 말씀하셨다.

예수님은 우리 인생의 폭풍이 일으킬 어려움을 알고 계신다. 우리의 상황에 놀라지 않으신다. 앞에 무엇이 있는지, 우리가 어디에서 넘어질지도 잘 아신다. 우리가 겪을 고통과 슬픔, 두려움의 깊이, 존재를 위태롭게 하는 의심까지 알고 계신다. 그리고 사나운 폭풍을 마주하기 직전인 결정적인 순간, 소망과 미래가 앞에 있다는 분명한 약속을 주신다.

위기 상황이 당신을 덮치기 전에, 예수님은 이미 당신의 미래에 관한 약속을 주셨다. 전부를 잃은 것처럼 보이는 날들이 올 것이다. 예수님은 십자가에 달려서 피를 흘리고 돌아가셨다. 사람들이 예수님을 무덤에 눕히고, 돌을 굴려서 입구를 막고, 로마 병사들이 보초를 섰다. 예루살렘은 예수님을 따르던 모든 사람들에게 등을 돌렸고 제자들은 두려워하며 목숨을 부지하려고 숨었다. 그러나 "내가 살아난 후에 너희보다 먼저 갈릴리로 가리라"라는 예수님의 말씀 안에서 편히 쉬어라. 우리에게는 약속된 장소가 있다. 우리 모두 거기서 다시 함께 모일 것이다.

지금 당신은 매우 어둡고 외로운 상황일지 모른다. 그러나 예수님은 당신을 버리지 않으셨다. 예수님은 당신을 떠나지 않으셨고 당신에게도 똑같은 약속을 하셨다. 폭풍이 지나간 뒤에 예수님은 당신을 만나실 것이다.

아들이 죽었다는 소식을 이해하기 위해 애쓰고 있을 때, 나는 마치 질식할 것처럼 답답했다. 나는 아프리카 현지로 가야만 했다. 그때 내가 알고 있던 사실은 단지 케냐의 나이로비에 위치한 미국 대사관에서 알려온 빈약한 정보뿐이었다.

"유감입니다만, 당신의 아들 제임스 프랭클린 해리슨 4세가 사망했습니다."

당시 제임스는 케냐와 탄자니아 국경의 작은 마을에서 사역하는 현지 목회자를 돕는 중이었다.

'아, 하나님, 무슨 계획으로 이러시나요?'

이 생각이 가장 먼저 떠올랐다. 나에게는 세 딸과 친척들에게 제임스의 소식을 알려야 하는 고통스러운 과제가 남아 있었다. 제임스의 시신을 인도받기 위해서 나이로비로 갈 준비를 하면서 이 문제를 의논했다. 그러자 머릿속을 휘젓고 있던 질문과 생각들이 한꺼번에 쏟아져 나왔다.

인생의 맞바람이 사나운 기세로 몰아쳤다. 죽음의 차가운 숨결이 나를 질식시키고 영을 앗아갈 듯 으르렁댔다. 절망감과 함께 심한 현기증으로 열이 오를 대로 올라 땀이 났다. 그 순간 오싹한 냉기가 나를 뒤덮었다. 가쁜 숨을 몰아쉬며 파도처럼 밀려오는 구역질을 억지로 참았다. 뱃멀미를 해봤다면 멀리 수평선을 바라보는 방법이 가장 좋다는 사실을 알 것이다. 주변의 모든 물체가 흔들리며 굴러다니고, 계속 파도가 치고, 요동치는 배가 당신을 여기저기 내던질 때, 선장은 이렇게 말한다.

"한 곳에 눈을 고정하고 거기서 눈을 떼지 말아요!"

인생의 폭풍을 만났을 때 나는 의심과 두려움과 여러 의문으로 휘청거렸다. 그래서 초점을 맞출 곳, 변하거나 흔들리지 않는 무언가를 찾아 응시해야 했다. 예수님께 시선을 고정하는 법을 훈련해야 했다. 예수님은 결코 변하지 않으신다. 동일하시다. 언제나! 동일하시다!

내가 예수님께 시선을 고정했을 때, 예수님은 소망과 확신을 주는 많은 말씀을 조용하고 잔잔한 음성으로 내 마음에 속삭이셨다.

"나는 너와 항상 함께한다… 내가 결코 너를 버리지 않고 너를 떠나지 않겠다… 두려워하지 마라… 내가 너에게 평화를 준다…."

나는 균형 감각을 찾기 시작했고 정서적으로도 차분하게 안정되었다. 폭풍이 세차게 몰아친 그때 나는 하나님이 함께하신다는 것을 깊이 확신했다. 내가 혼자가 아니며 예수님이 그 위기 상황 한가운데 함께 계신다는 것을 알게 되었다. 비록 나는 그 순간 폭풍 이후의 삶을 상상하지 못했지만 예수님은 계획을 가지고 계셨다.

어려운 결정과 힘든 날들이 펼쳐졌고, 내 삶이 결코 예전과 같지 않다고 느꼈다. 나는 부모라면 가장 두려워할 악몽, 곧 자식의 죽음이라는 가장 무서운 악몽 한가운데 있었다. 세 딸과 함께 앉아 제임스의 부고장을 쓰면서도 그것을 현실로 받아들이기 어려웠다. 제임스의 사진이나 기사가 실린 신문을 보기가 고통스러웠다.

"자제 분은 몇 명이나 두셨나요?"

사람들이 무심코 던지는 질문이 비수처럼 마음에 꽂혔고 대답하기 고통스러운 질문이 되었다.

제임스가 세상을 떠난 지 두 달이 지났을 때였다. 크리스마스트리를 장식하기 위해 상자를 열고 제임스의 양말을 꺼냈을 때 나는 한 가지 결정을 내려야 했다. 그 양말을 트리에 걸지, 아니면 제임스가 세상에 존재한 적도 없었다는 듯이 다시 상자에 넣을지. 제임스가 죽은 그 첫해가 다 지나가도록 나는 살면서 제임스의 죽음을 불쑥불쑥 떠올렸다. 사진, 편지, 이메일 등 아들의 유품을 정리하면서 위로를 받는 한편 또 너무나 고통스러웠다. 그러나 나는 모든 일들을 겪으면서 예수님이 이 고통을 잘 이겨낼 수 있도록 나를 이끄실 것과 그 깊은 상실의 고통 반대편에 있는 소망을 약속하셨다는 사실을 깨달았다.

예수님이 예수님의 이름을 부르고 예수님의 말씀을 믿는 모든 이들에게 하지 않겠다고 약속하신 어떤 일을 나에게 허락하신 것은 아니었다. 나는 다른 사람들과 다르거나 특별하지 않다. 나는 마음이 찢어지고 가슴이 타들어가는 아픈 가슴을 지닌 한 사람의 엄마로 폭풍 한가운데 서 있었다.

'하나님, 무슨 계획으로 이러시나요?'

내가 이런 생각을 할 때 성령님이 속삭이셨다.

"나를 신뢰하라!"

그렇게 처음 몇 해를 지나는 내내 성령님은 여러 번 내게 부드럽게 속삭여주셨고 오늘도 여전히 속삭이신다.

지금 인생의 폭풍에 흔들리며 괴로워하고 있는가? 다시는 안정된 길로 들어서지 못할 것 같고, 평온한 느낌을 갖지 못할 것처럼 느껴지는가? 균형과 평화를 발견할 힘과 가망이 없다고 느껴지는가? 내가 당신과 함께 폭풍을 헤치고 걸을 수 있도록 허락하기 바란다. 나의 체험이 당신을 격려하고 치유의 길로 나아갈 수 있도록 돕기를 소망해서 이야기를 나누고자 한다. 어쩌면 지금의 당신에게 이런 말이 비현실적이고 불가능한 것처럼 들릴지도 모르겠다. 그러나 비참하고 고통스러운 이 깊은 곳에서 벗어나야 하지 않겠는가?

내가 당신의 처지와 상황에 대해 이해한다는 것을 믿지 못하고 머뭇거리고 있는가? 맞다. 나는 단 한순간도 내가 모든 해답을 갖고 있거나 당신을 도울 수 있는 정확한 방법을 아는 체하지 않을 것이다. 다만 능히 그렇게 하실 수 있고 기꺼이 그렇게 하실 분을 알고 있다. 어쩌면 이 책의 어떤 내용이 당신이 처한 상황에 잘 맞지 않거나 지금은 이해하기 어렵다고 느낄지도 모르겠다. 하지만 계속 읽어나가다 보면 그토록 갈망하던 치유를 발견하리라 확신한다.

예수님은 제자들에게 위기 상황이 닥치기 전에 이미 어려운 시기가 찾아올 것이라고 예언하셨다. 마찬가지로 우리 역시 이런 예언을 받았다. 우리 중 몇 사람은 그런 예언을 받자마자 나쁜 소식을 듣는다. 하지만 좋은 소식이 있다! 인생의 폭풍이 사납게 부는 중이든지 지평선 너머로 감도는 중이든지 예수님이 "내가 살아난 후에 너희보다 먼저 갈릴리로 가리라"라고 하신 것을 상기시켜주려고 오신다는 것이다. 예수님은 모든 위기 상황 이후에 이루실 계획을 가지고 계신다.

하나님과 함께 걷는 발걸음 Your steps with God

당신과 함께 이 여정을 시작하며 기도하기 원한다. 이 기도가 포근한 이불처럼 당신의 마음을 감싸기를 소망한다.

사랑하는 주님, 이 귀한 친구를 위해 기도드립니다. 우리를 서로 만나게 해주시니 감사드립니다. 우리가 함께하는 시간을 축복과 격려의 시간으로 써주소서. 주님은 우리를 사랑하십니다. 우리의 마음이 부서지면 주님의 마음 또한 부서집니다. 그렇기 때문에 주님은 우리의 울음소리에 귀 기울이시기 위해 가까이 다가오십니다. 우리는 환경에 휘청거리기 때문에 주님의 도움이 필요합니다. 주님, 부디 우리의 폭풍 안으로 오셔서 우리를 덮치려고 위협하는 바람과 파도에게 명령하시기를 구합니다. 오늘 우리의 구명 밧줄이 되어주시고 우리에게 소망과 치유의 길을 보여주소서. 주님을 향해 손을 뻗습니다. 이 여정을 잘 마치도록 위로하시고 돌봐주시기를 구합니다. 예수님의 이름으로 기도드립니다. 아멘.

Chapter 2

하나님의 일기예보;
폭풍 없는 인생은 없다

 1989년 9월 어느 날 밤이었다. 세 아이를 침대에 눕히고 이불을 잘 덮어주고 나오니 남편도 피곤했는지 곤히 잠들어 있었다. 나 역시 일기예보 방송을 한 번 더 듣고 마지막으로 2층을 점검하고 잠자리에 들었다.

 우리는 해안에서 상당히 먼 노스캐롤라이나 주 샬럿(Charlotte)에 살았다. 뉴스에서는 하루 종일 '위고'라는 이름의 대형 태풍이 대서양 연안을 따라서 북상 중이라고 했다. 나중에 아나운서는 태풍 위고가 사우스캐롤라이나 주 남동부 찰스턴 바로 동쪽인 팜스 섬에 상륙하겠다고 예보했다. 정확한 예보인 것 같았다. 그러나 말도 안 되는 또 다른 예보도 있었다. 북서쪽으로 진로를 바꾼 태풍이 샬럿을 향해 곧장 다가오리라는 것이다. 만약 예보가 정확하다면 위력적인 태풍이 몇 시간 내로 샬럿을 강타한 뒤 계속 북상하리라는 것이었다.

온종일 일기예보 상황을 보고 들었지만, 이곳이 태풍이 흔한 지역도 아니고 실제로 일어날 것 같지도 않아 대수롭지 않게 여겼다. 샬럿에 사는 대부분의 사람들도 마찬가지였다. 대서양 해안에서 샬럿까지는 200마일 이상 떨어져 있었고, 엄청난 폭우라든지 나무가 부러지거나 뽑히는 것 같은 태풍의 위력은 샬럿에서 단 한 번도 겪은 적이 없었다. 그래서 나는 일기예보가 적중할 경우 태풍이 일으킬 영향에 대해 아무것도 모른 채 잠자리에 들었다.

다음 날 아침, 나는 세찬 빗소리와 삐걱거리기도 하고 펑 터지는 것 같기도 한 이상한 소리에 일찍 잠에서 깼다. 무슨 일인가 하고 집 안을 둘러보는데, 그 순간 나뭇잎과 나뭇가지 조각과 빗물이 소용돌이치면서 창문을 덮쳤다. 천장에 설치한 채광창에서 물이 쏟아져서 빗물이 안방 벽을 타고 흘러내렸다. 날이 밝은 뒤에 보게 된 광경은 마치 전쟁터를 방불케 했다. 강풍에 뿌리가 뽑힌 거대한 참나무가 쓰러져서 주변의 모든 것을 부수었고, 전깃줄은 건물 벽과 도로 위에서 위험하게 대롱거렸다. 지붕에서 뜯겨져 나온 자재들과 깨진 유리조각들이 널려 있는 마당을 가로질러 가는 일은 그야말로 모험이었다. 양철 자재 역시 마치 종잇장처럼 구겨져 있었다. 또 다른 일기예보대로 태풍 위고가 샬럿을 강타한 것이다.

나에게도 폭풍이 일어날까?

하나님은 우리에게 지금 이 세상에 사는 우리의 삶과 관련해서 성경에 일기예보를 해주셨다는 사실을 알고 있는가? 우리는 대부분 그 경고가 무엇인지 전혀 모르거나 또는 심각하게 받아들이지 않는다. 하나님께서 경고하신 일을 겪어야만 비로소 하나님의 경고가 중요하고 그것이 우리에게 개인적으로 해당된다는 사실을 알아차린다.

나는 왜 태풍이 몇 시간 안에 내가 사는 도시를 덮친다는 일기예보를 들었으면서도 그 말을 무시했을까? 지금 생각해보면 무책임하고 무모했다. 그러나 태풍으로 피해를 당한 적이 없기 때문에 태풍의 대규모 파괴력에 대해 판단하는 기준이 없었고, 따라서 그런 일을 겪으리라고 상상하지 못했다. 해안에서 200마일이나 떨어진 내륙에 살았기 때문에 더욱 그랬다.

하지만 폭풍은 제멋대로 움직인다. 그로 인해 우리는 허를 찔리기도 한다. 내 삶의 많은 일들도 그랬다. 내가 계획하거나 마음에 그린 대로 되어지지는 않았다. 사람들은 목표를 설정하고 꿈을 꾼다. 계획을 짜고 그것을 이루기 위해 힘쓰도록 서로 격려한다. 나의 목표가 눈부신 경력을 쌓거나 급진적인 변화의 주체가 되고자 했던 것은 아니다. 하지만 나는 다음 세대에 영향력을 주기 원하는 강렬한 마음이 있었다.

나는 항상 아내와 엄마가 되기를 원했다. 가족들이 편안히 돌아올 수 있는 행복한 가정, 누구나 사랑받고 인정받는다고 느끼는 행복한 가정의 중심이 되고 싶었다. 학교와 직장에서 혹은 긴 하루를 보내고 와서 편안하게 쉴 수 있는 평화로운 가정을 만들고 싶었다. 나는 흠잡을 데 없이 완벽한 가정을 상상했다. 자식들의 번영, 인격적으로 훌륭하고 직장에서도 성공한 남편, 언제나 가까이에 지지해 주는 헌신적인 친구들과 친지들 외에 다른 것은 아무것도 상상하지 않았다. 몇 해 동안 내 인생은 실제로 그런 식으로 흘러가는 것 같았다. 나는 내가 폭풍 없는 인생을 위한 공식을 터득했다고 바보처럼 생각했다.

모든 사람들이 훌륭하고 뭔가 성취한 것처럼 보여도 그들 역시 예상하지 못했거나 기대하지 않은 몇 가지 경험을 했다는 사실을 깨달으면 겸손해질 수밖에 없다. 인생이 계획대로 펼쳐진다면 순조롭게 항해하는 것처럼 느낄 것이다. 하지만 인생은 좀처럼 그렇게 흘러가지 않는다. 나는 신앙 안에서 기독교의 가치를 토대로 가정을 세우기를 몹시 바랐다. 자녀들이 일정한 표준과 다림줄을 갖기 원했고, 주님과 동행하는 삶의 기쁨과 보상을 알기를 바랐다. 또 주님의 진리를 소홀히 하거나 주님의 명령을 무시하는 문제나 고통을 피하기 원했다. 그래서 그들을 교회 주일학교에서 가르치고, 그들과 함께 기도하고, 그들을 위해서 기도하고, 또 그들에게 좋은 본을 보이면, 하나님께서 어려움 없는 날들을 틀림없이 주시고 우리 가정을 매우 수월하게 세워가시리라 생각했다.

이 완벽한 그림이 처음으로 약간 찢어졌던 상황 한 가지가 기억난다. 제임스가 유치원에 다니던 어느 날 선생님으로부터 전화가 걸려왔다(만일 그 후로도 선생님들로부터 얼마나 많은 전화를 받을지 알았더라면, 나는 아마 그 자리에서 쓰러져 죽었을지도 모른다!). 선생님은 제임스를 사랑했고 제임스 안에 있는 긍정적인 기쁨을 주는 요소들을 발견해주었다. 그런 이야기로 대화를 시작하던 선생님은 곧 전화를 건 진짜 이유를 말했다. 제임스가 문자, 소리, 혼합어 개념, 읽기 능력을 습득하지 못해 힘들어한다는 것이다. 제임스는 총명했지만 정작 뇌에서 정보가 왜곡되는 것 같았고, 그것은 교실에서 평생에 걸친 도전과 실패와 실망의 시작이었다. 부적응과 부적합이라는 씨앗, 그것은 곧 제임스 인생에 엄청난 장애물로 자라났다.

바로 그 순간부터 남편과 나는 각종 검사, 가정교사, 교육 상담 그리고 더 많은 검사, 선생님, 약물치료, 들을 수업과 피할 수업, 들어갈 학교와 그만둘 학교를 놓고 줄곧 기도했다. 성장기 아이들에게 나타나는 전형적인 행동이라고 생각했던 일들이 우리에게는 엄청난 시련과 고통의 원인이 되었다. 학습 장애나 교육적으로 문제가 있는 자녀를 키우는 부모는 이런 싸움을 알 것이다. 하루하루가 힘들다. 엄청난 에너지를 빼앗긴다.

휴교할 정도로 눈이 많이 내려서 모든 아이들이 썰매를 타고 놀던 날이 기억난다. 그날 제임스는 《파리대왕》(Lord of the Flies)을 읽고 독후감을 쓰기 위해 애쓰고 있었다. 몇 시간 동안 친구들과 놀게 하고 그 후에도 끝까지 책을 읽어주었다. 독후감을 대신 써주지는 않았지만 함께 앉아서 제임스가 알아야 할 모든 내용들을 일러주었다. 사랑하는 누군가를 위해 인생을 살아가는 일은 고되고 힘들다. 어떤 인생의 다양한 단면을 말하고 있는지 많은 독자들도 알 것이라고 생각한다.

수많은 폭풍과 시련을 겪고 난 뒤에, 나는 언제 어떤 식으로, 어떤 상황에서 말씀대로 이루어주시도록 하나님께 지시하거나 말할 수 없다는 사실을 이해하기 시작했다. 하나님은 내게 아무것도 빚지지 않았다. 예수님을 통해 내게 필요한 모든 물자와 방편들을 이미 주셨다. 우리는 자기 인생의 그림이 완벽하다고 자랑하지 말아야 한다는 합당한 경고를 받았다. 우리는 세상에서 환난을 피하지 못한다. 예수님이 제자들에게 하신 말씀에 귀를 기울여라.

보라 너희가 다 각각 제 곳으로 흩어지고 나를 혼자 둘 때가 오나니 벌써 왔도다 그러나 내가 혼자 있는 것이 아니라 아버지께서 나와 함께 계시느니라 이것을 너희에게 이르는 것은 너희로 내 안에서 평안을 누리게 하려 함이라 세상에서는 너희가 환난을 당하나 담대하라 내가 세상을 이기었노라 요 16:32,33

우리가 혼자라고 느껴질 때, 다른 사람들에게 버려지고 잊혀졌다고 느껴질 때, 예수님도 그렇게 느끼셨다는 사실을 기억하라. 그러나 예수님은 우리가 하나님 안에 있으면 언제까지나 혼자가 아니라는 것을 생각나게 해주신다. 우리는 하나님이 주신 경고와 예보의 말씀을 잘 알아야 한다. 성경의 진리를 기억하고 붙들 때 용기가 생긴다. 힘겨운 문제는 지금 이 세상과 삶의 일부가 될 것이다. 우리는 어려움을 겪고 실망할 것이다. 우리의 완벽한 그림은 온통 엉망이 될 것이다. 그러나 예수님과 함께하면 그 문제보다 더 강해지고 어떤 압박도 견딜 수 있다. 이 말은 믿어도 좋다.

인생에서 언제 문제들을 겪기 시작했든지 간에, 우리는 폭풍이나 폭풍의 위협이 우리의 인생을 어지럽히고 혼란스럽게 한다는 사실을 분명히 깨닫게 된다. 만약 당신이 사람들의 일에 적극적으로 관여하며 조금이라도 민감하게 귀를 기울인다면, 모든 사람들이 이런 문제 때문에 몸부림친다는 것을 분명하게 알 수 있을 것이다. 예수님은 예상치 못하고 계획하지도 않은 인생의 폭풍을 예보하신다.

하나님은 포로가 아니다

나는 거의 매일 사람들과 직접 대화하거나 사람들을 제압하려고 위협하는 환경에 대한 이야기들을 간접적으로 전해 듣는다. 그러면서 분명하게 느끼는 것이 있다. 아무도 인생의 무임승차권을 얻을 수 없으며 삶을 보장하는 공식 같은 것은 없다는 것이다. 다른 사람들의 이야기를 들으며 그 사람들의 삶에 관여할수록 이 결론은 더 명백해진다.

이런 결론이 너무 충격적이거나 배신당하고 속았다고 느껴지는 이유가 무엇일까? 현대 문화의 목소리를 귀담아 들었기 때문일까? 우리를 속이고 하나님의 진리를 빼앗아가는 것을 그냥 내버려두었기 때문일까? 열심히 일하고, 착한 행동을 하고, 최선을 다하면 인생의 모든 장애물들을 제칠 수 있을 거라고 믿기 때문일까?

어느 날 밤, 침대에 누워 잠이 들 때쯤 전화벨이 울렸다. 한 친구의 긴박한 목소리가 들려왔다. 병원에서 간단한 성형 시술을 받고 회복 중이던 여동생이 잘못되었다는 소식을 들었다는 것이다. 젊고 아름답고 건강했던 그 동생이 이제는 인공호흡기에 의존하여 생명을 유지하는 처지가 되고 말았다. 그 친구는 부모님에게 그 소식을 전해야 할 뿐만 아니라 다른 많은 중대 결정을 내려야 할 준비를 해야 한다고 했다. 그 친구가 계속 말했다.

"이런 일이 일어나다니 믿을 수가 없어. 왜 이렇게 되었는지 타당한 이유나 설명도 없어. 내가 모범적인 그리스도인이고 성경 말씀을 잘 따랐다면 나에게 이런 일이 일어나지 않았을 것 같아!"

최근 또 다른 친구 역시 이와 비슷한 좌절감을 표현했다.

"나는 고등학교 때도 열심히 공부했고, 입학시험에서도 좋은 성적을 받고 일류 대학에 들어갔어. 또 뛰어난 경력을 쌓아 내 분야에서 정상까지 올라갔는데 실직하다니, 어떻게 이럴 수 있어?"

얼마 전 비행기에서 옆에 앉은 남자가 이런 이야기를 했다.

"회사는 잘 돌아갔고 가족들과 더없이 좋은 날들을 보냈어요. 비서가 회사 공금을 착복했다는 사실이 밝혀지기 전까지는 말이에요. 모두 무너져 내렸어요. 저는 지금 파산했고 가족들은 저를 창피해합니다. 친구도 없어요. 여기서 벗어나는 방법을 찾으려고 애쓰는 일 말고는 할 수 있는 것이 없어요!"

우리 가운데 많은 이들이 그리스도인으로서 하나님을 포로로 잡아두기 위해, 혹은 하나님의 팔을 비틀어 원하는 일을 시키기 위해, 하나님의 말씀을 사용할 수 있다고 생각하거나 그렇게 행동하기 시작한다. 나는 기도 모임에 많이 참석했다. 그리고 "하나님, …라고 성경에 말씀하셨으니"라고 기도를 시작해서 하나님의 뜻을 마음대로 조종하려고 애쓰거나 성경에 약속하신 바를 내가 생각하는 방식으로 말씀을 성취하지 않으실 테면 어디 한번 해보시라는 식으로 도전했다. 그야말로 순진하고도 무지한 기도였다. 그런데 이것은 아마도 교회에서 자라난 많은 사람들에게는 낯선 기도가 아닐지도 모른다.

우리 중에 많은 이들이 자기가 인생의 주인이라고 믿기에 이르렀다. 인생을 세심하게 운영하고, 꼼꼼하게 계획하고, 환경을 통제하면 부정적이거나 불쾌한 일들이 전혀 일어나지 않도록 막을 수 있다고 믿는다.

어떤 사람들은 이렇게 말한다.

"왜 일부러 인생의 폭풍을 알거나 준비하기 위해 애쓰죠? 하나님께서는 하시고자 하는 일을 하실 거예요. 당신이 그런다고 뭐가 달라지나요?"

이런 사람은 책임감을 가지고 인생의 일들을 결정해야만 하는 어려운 상황을 극구 피한다. 그러나 위기 상황을 겪는 가운데는 이런 태도가 약간의 위로가 되기도 한다. 나는 시련의 시기를 겪는 동안 파도가 출렁일 때마다 갑판 이쪽저쪽으로 미끄러지는 일광욕 의자 같은 삶을 마음에 그려보곤 했다. 믿음을 가진다는 것은 숙명론자로 산다는 뜻이 아니다. 우리가 믿는 분을 절대적으로 확신한다는 뜻이다.

하나님께서는 언제나 미리 생각하고 계신다

불쾌한 예보는 계획에 지장을 주며, 신중한 꿈이나 인생에 관한 상상의 산물을 방해한다. 우리는 이것을 마치 야외 만찬 모임을 실내로 바꾸게 만드는 비구름처럼 다소 불편하게 여긴다. 그리고 무심코 갖게 된 이런 시각으로 인해 시간을 내지 못하고, 투자하지 못하고, 하나님이 인생의 불가피한 폭풍과 관련해서 성경 말씀으로 주신 예보를 잘 깨닫지 못한다.

우리는 성경의 노아 이야기를 잘 알고 있다. 이 이야기는 기꺼이 읽고 주목하는 모든 이들에게 폭풍을 경고하도록 하는 역할을 한다. 죄악이 가득한 세상에서 어떤 사람이 하나님께서 주목하시는 삶을 살았다.

"그러나 노아는 여호와께 은혜를 입었더라… 노아는 의인이요 당대에 완전한 자라 그는 하나님과 동행하였으며"(창 6:8,9).

노아는 자신의 삶에 대한 하나님의 생각과 계시를 자발적으로 배우고 이해하려고 했을 뿐만 아니라 하나님의 음성에 귀를 기울였다. 그렇기 때문에 하나님께서는 노아에게 하나님의 속마음을 말씀하셨다. 하지만 예보는 좋지 않았다. 하나님의 비밀스러운 것들이 언제나 즐겁고 달콤한 것은 아니다.

하나님께서 노아에게 말씀하셨다.

"모든 혈육 있는 자의 포악함이 땅에 가득하므로 그 끝 날이 내 앞에 이르렀으니 내가 그들을 땅과 함께 멸하리라"(창 6:13).

노아는 거기서 하나님의 음성을 그만 들을 수도 있었다. 너무 비참하고 우울한 내용이기 때문에 더 이상 알고 싶지 않다고 마음먹을 수도 있었다. 하나님의 경고를 무시하며 "그런 일은 절대로 일어나지 않을 것입니다"라고 말할 수도 있었다. 그러나 노아는 하나님의 음성에 귀 기울이는 사람이었고, 그렇기 때문에 노아는 하나님의 말씀을 계속 경청했다.

노아는 또 이런 말씀을 들었다.

"너는… 너를 위하여 방주를 만들되… 내가 홍수를 땅에 일으켜 무릇 생명의 기운이 있는 모든 육체를 천하에서 멸절하리니 땅에 있는 것들이 다 죽으리라 '그러나' 너와는 내가 내 언약을 세우리니 너는 네 아들들과 네 아내와 네 며느리들과 함께 그 방주로 들어가고"(창 6:14-18).

노아는 하나님과 관계를 맺으며 살았다. 그렇기 때문에 노아는 자신을 향한 하나님의 계획을 알 수 있었다. 그러나 하나님께서 인간을 위로하고 안락하게 살도록 하기 위해 계획을 세우시는 것은 아니다. 언제나 영원한 목적으로 계획을 세우신다. 물론 노아에게도 하나님의 미래 계획의 일부가 될 수 있는 기회를 주셨다. 노아에게는 의지할 만한 수단과 방법이 많지 않았다. 그러나 방주를 지으면 폭풍으로부터 보호받을 뿐만 아니라 가족과 함께 그 폭풍을 통과할 것이라는 약속을 받았다. 그 약속이야말로 노아에게 필요한 전부였다.

이 책 처음에 언급했듯이 하나님께서는 언제나 폭풍 이후를 위한 계획을 가지고 계신다. 하나님께서는 현재 당신의 삶의 위기 상황이 지나갈 때 당신을 만날 장소를 이미 지정해두셨다. 예수님은 제자들에게 "내가 살아난 후에 너희보다 먼저 갈릴리로 가리라"라고 말씀하셨다. 마찬가지로 예수님은 당신과 내게도 말씀하신다.

"하루하루 어둡고 힘들겠지만, 내가 이미 너의 반대편을 보고 있고 너를 위한 계획을 가지고 있단다."

신뢰와 신뢰할 만한 친구

구약의 노아로부터 시작해서 신약의 제자들에 이르기까지 공통된 줄기가 무엇일까? 그들은 모두 하나님과 직접적인 관계를 맺고 살았다. 즉, 하나님을 알고 하나님과 친밀하게 지내는 일에 열중했다.

당시 노아는 많은 정보를 갖고 있지 않았다. 그러나 우리는 하나님께서 인간을 하나님의 형상대로 창조하셨고(창 1:26) 모든 사람들에게 영원을 사모하는 마음을 주셨다는(전 3:11) 진리를 알고 있다. 우리의 내면은 창조주의 영(Spirit)으로 가득 채워지기를 갈망한다. 그렇지만 막상 우리가 무엇을 갈망하는지 알지 못하거나 깨닫지 못하는 경우가 많다.

우리는 오직 창조주 하나님만이 채워주실 수 있는 무언가를 원한다. 젊었을 때 나는 내가 원하는 것을 다 가졌다는 사실을 알았다. 그럼에도 여전히 불안하고 불만족스러웠다. 고등학교 때 사귄 남자 친구와 결혼해서 귀여운 딸과 아들을 낳았고, 그렇게 우리는 인생을 함께 시작했으며, 모든 일이 잘 풀렸다. 그런데도 나는 마음속 깊이 만족하지 못했다.

그 무렵, 나는 성경공부를 함께하자는 초대를 받았다. 나는 교회에서 자랐고 말씀을 믿었다. 그때 누군가 내게 그리스도인이냐고 물었다면, 나는 분명히 그렇다고 대답했을 것이다. 성경공부를 하러 가는 것이 부담스럽지 않았다. 나는 다른 젊은 엄마들을 만나 의미 있는 일을 할 수 있기를 무척 기대하며 나갔다. 그런데 불과 몇 주 만에 예수님을 만나게 되었다. 이전에는 한 번도 없었던 일이다. 그때 나는 예수님에 대해서 아는 지식과 예수님을 개인적으로 아는 지식이 같지 않다는 사실을 깨달았다. 나는 예수님을 내 마음에 초청했다.

실생활과 관련해서 하나님의 말씀을 가르치는 강의를 들으며 나는 눈을 떴다. 그리고 예수님과 친밀히 교제하도록 나를 창조하셨다는 점을 이해하기 시작했다. 예수님의 말씀을 통해 예수님에 대해 알게 되었고, 나에게 하시는 예수님의 말씀을 듣는 법 또한 배워나 갔다. 나는 예수님과 개인적으로 관계 맺는 것을 깊이 갈망했다.

성경이 진리이며 하나님의 백성들에게 개인적으로 말씀하시는 하 나님의 음성이라면, 그 음성에 귀를 기울이겠다고 결심했다. 성경의 약속과 원칙과 경고들을 배워서 생활에 적용하겠다고 마음먹었다. 하나님이 나의 창조주이시고 내 인생길을 안내해주시려고 하나님의 말씀을 주셨다면, 말씀을 알고, 말씀을 신뢰하고, 말씀대로 살고, 말씀 안에서 성장하고 싶었다.

이것이 바로 33년 전의 일이다. 물론 지금도 나는 예수님의 제자 들과 마찬가지로 이해하지 못하는 부분이 많고 어디로 어떻게 방향 을 돌려 무엇을 해야 할지 확신하지 못할 때도 많다. 그러나 하나 님께서는 내가 하나님의 음성 듣는 법을 배우는 데 투자한 세월을 귀하게 여겨주셨다. 그분은 내가 인생을 잘 살아갈 수 있도록 준비 해주고 계셨다. 안내하고 이끌어주셨으며 하나님을 향한 내 마음 까지 크게 넓혀주셨다.

당신과 나는 하나님의 절친한 친구이다.

부모는 자식들이 어릴 때 이해해야 한다고 생각되는 일들을 잘 이해할 수 있도록 준비하는 것을 도와주는 역할을 한다. 또 '경험'이 라는 이점을 발휘하여 사랑의 마음으로 자식을 보호하고 자식들이 위험한 활동을 하지 않고 위험한 장소에 가지 않도록 지켜준다. 낮선 사람을 따라가지 말고, 길을 건널 때는 양옆을 잘 살피고, 자전거를 탈 때는 안전모를 꼭 쓰도록 가르친다.

자식은 부모를 의지한다. 무슨 일이 잘못되면 가장 먼저 엄마 아빠에게 전화해야 한다는 점을 잘 안다. 자신에게 무슨 일이 생기면 엄마 아빠가 가장 먼저 달려온다는 것을 확신한다.

하늘에 계신 우리 아버지 역시 같다. 하나님은 우리가 하나님을 알기 원하시며, 우리 앞에 놓인 미지의 길을 잘 걷도록 준비시켜주시고, 하나님을 믿고 따르기를 바라신다. 우리를 향한 하나님의 사랑이 정말 크기 때문에 하나님께서는 하나님께서 무엇을 하실지 알 수 있도록 하나님의 비밀을 우리에게 털어놓으시고, 징조와 경고를 가르치시고, 하나님에 대한 깊은 확신을 주고 싶어 하신다.

하나님의 불변의 능력

만약에 내가 태풍 위고가 온다는 예보에 주의를 기울였다면 폭풍 이후의 날들이 완전히 바뀌었을 것이다. 태풍에 대비했더라도 피해를 막지는 못했겠지만, 전기가 끊긴 17일 동안 좀 더 쉽게 견딜 수 있었을 것이다. 냉동실에 있던 음식들이 녹아 내려서 주방 바닥에 잔뜩 달라붙었다. 남편과 나는 어린 세 아이들에게 좀 더 안전한 환경을 만들어주기 위해 애를 썼다. 나는 나 스스로에게 이렇게 묻지 않을 수 없었다.

"왜 생수를 사다놓지 않았어? 왜 자동차에 기름을 가득 채워두지 않았어? 왜 비상물품들을 챙겨두지 않았어? 왜 정전을 대비해서 건전지를 준비해두지 않았어?"

인간은 미래를 알고 싶어 하는 당연한 호기심을 갖고 있다. 사람들은 신문에 나오는 오늘의 운세를 서슴없이 읽고 열두 별자리가 우리의 일상을 선택하고 결정하는 데 도움이 된다고 믿는다. 식사를 마치고 나서 후식으로 나오는 포춘 쿠키(fortune cookie, 운수가 적힌 쪽지가 들어 있는 과자)를 앞다투어 집어 든다. 손금이나 타로 점을 보고, 수정 구슬을 들여다보면서 절박하게 자기 앞에 놓인 무언가를 조금이라도 알고 싶어 한다. 그리스도인들은 이런 행위를 어리석은 짓이라며 단번에 물리친다. 그러면서도 "모든 일들이 이렇게 될 줄 알았다면 좋았을 텐데…"라고 얼마나 자주 말하는가?

예수님은 우리를 어둠 속에 그냥 내버려두지 않으신다. 우리는 하나님의 음성을 주의 깊게 듣는 법을 배우고, 하나님이 위기 상황 뒤에 행하실 계획을 갖고 계신다는 증거를 보기 시작할 것이다. 비록 이런 확신이 지금 당장 생기거나 믿어지지 않더라도, 하나님께 전념하는 사람들을 지키시는 하나님의 능력은 변하지 않는다. 어쩌면 당신은 지금 엉성한 뗏목에 매달려 있는 것처럼 느낄지도 모른다. 인생의 맹렬한 폭풍이 우리를 죽일 듯이 위협하는 것처럼 느낄지도 모른다. 그러나 너무 허약해서 하나님께 매달려 있지 못할 때에도, 환경에 제압을 당할 때에도 폭풍에 패배했거나 사람들에게 잊혀졌다고 절망할 필요는 없다. 가라앉기 시작할 때 하나님께서는 우리를 붙잡아주실 것이다.

마가복음에는 베드로와 제자들이 배를 타고 갈릴리 바다를 향해 하다가 폭풍을 만났을 때의 이야기가 나온다. 바람과 파도가 거세지자 제자들은 있는 힘을 다해 노를 저었다. 배가 가라앉지 않도록 안간힘을 쓰면서 제자들은 위협과 두려움을 느꼈다. 그런데 마가복음 6장 48절에 보면 예수님은 "바다 위로 걸어서 그들에게 오셨다." 그리고 "지나가려고 하셨다." 예수님은 폭풍 위를 걸어오셨다. 세찬 바람과 출렁이는 바다에 위협을 받거나 당황하지 않으셨다. 예수님은 제자들을 만나기 위해 갈릴리 바다 반대쪽으로 가는 중이셨다. 그러나 제자들은 무서워서 소리를 질렀다.

곧이어 예수님은 제자들에게 말씀하셨다.

"안심하라 내니 두려워하지 말라"(막 6:50).

붙잡아주시는 하나님

사랑하는 친구여, 오늘 예수님께 부르짖기 바란다. 예수님은 당신 인생의 폭풍 한가운데 바로 거기에 계신다. 예수님은 당신이 예수님 안에서 용기를 내기 원하신다. 예수님은 우리 인생의 환경 위에 계시며 우리를 붙잡아줄 능력을 가지고 계신다. 당신이 폭풍을 겪어보았다면, 폭풍을 뚫고 나가는 데 온통 마음이 쏠려 하나님을 손에서 놓쳤다는 사실을 깨닫지 못한 때가 있다는 것을 인정할 것이다. 우리는 인생의 배가 가라앉지 않도록 하는 데만 정신을 팔기 일쑤다. 그래서 정작 하나님을 붙잡기 위해 손을 내밀지 못한다. 하지만 용기를 내라! 하나님께서 우리를 붙잡아주고 계신다!

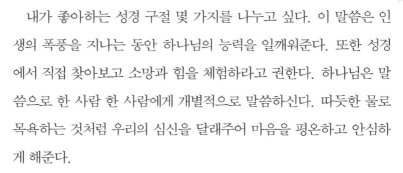

하나님과 함께 걷는 발걸음 Your steps with God

내가 좋아하는 성경 구절 몇 가지를 나누고 싶다. 이 말씀은 인생의 폭풍을 지나는 동안 하나님의 능력을 일깨워준다. 또한 성경에서 직접 찾아보고 소망과 힘을 체험하라고 권한다. 하나님은 말씀으로 한 사람 한 사람에게 개별적으로 말씀하신다. 따뜻한 물로 목욕하는 것처럼 우리의 심신을 달래주어 마음을 평온하고 안심하게 해준다.

먼저 다음 성경 구절들을 노트에 적고 간단한 두 가지 질문을 자신에게 해보기 바란다. "나의 역할은?", "하나님의 역할은?" 이렇게 자신에게 묻고 대답하며 이 말씀이 주는 힘을 발견하라. 인생의 폭풍에 대비하여 그리스도에 대한 확신을 갖기 위해 각자 목록을 작성해보기 바란다.

"여호와여 주는 나의 하나님이시라 내가 주를 높이고 주의 이름을 찬
송하오리니 주는 기사를 옛적에 정하신 뜻대로 성실함과 진실함으로
행하셨음이라"(사 25:1).

"그러나 여호와께서 기다리시나니 이는 너희에게 은혜를 베풀려 하심
이요 일어나시리니 이는 너희를 긍휼히 여기려 하심이라 대저 여호와
는 정의의 하나님이심이라 그를 기다리는 자마다 복이 있도다… 너
희가 오른쪽으로 치우치든지 왼쪽으로 치우치든지 네 뒤에서 말소리
가 네 귀에 들려 이르기를 이것이 바른 길이니 너희는 이리로 가라 할
것이며"(사 30:18,21).

"회오리바람이 지나가면 악인은 없어져도 의인은 영원한 기초 같으니
라"(잠 10:25).

"너는 내게 부르짖으라 내가 네게 응답하겠고 네가 알지 못하는 크
고 은밀한 일을 네게 보이리라"(렘 33:3).

"여호와는 선하시며 환난 날에 산성이시라 그는 자기에게 피하는 자

들을 아시느니라"(나 1:7).

"주 여호와는 나의 힘이시라 나의 발을 사슴과 같게 하사 나를 나의 높은 곳으로 다니게 하시리로다 이 노래는 지휘하는 사람을 위하여 내 수금에 맞춘 것이니라"(합 3:19).

"돈을 사랑하지 말고 있는 바를 족한 줄로 알라 그가 친히 말씀하시기를 내가 결코 너희를 버리지 아니하고 너희를 떠나지 아니하리라 하셨느니라 그러므로 우리가 담대히 말하되 주는 나를 돕는 이시니 내가 무서워하지 아니하겠노라 사람이 내게 어찌하리요 하노라"(히 13:5,6).

"시험을 참는 자는 복이 있나니 이는 시련을 견디어 낸 자가 주께서 자기를 사랑하는 자들에게 약속하신 생명의 면류관을 얻을 것이기 때문이라"(약 1:12).

Chapter 3

하나님의 구명장비 ;

인생 폭풍에 대비하라

태풍 위고가 샬럿 시를 강타한 혼란스러웠던 9월의 아침, 잠자리에서 일어났을 때 전기는 들어오지 않았다. 빗물이 천장에서 쏟아지던 그 순간 내 마음에 수많은 희망 사항들이 한꺼번에 세차게 밀려들었다. 손을 뻗으면 닿는 곳에 손전등이 있으면 좋겠다고 생각했다. 기상 특보를 들을 수 있는 라디오, 충분한 건전지, 신선한 많은 양의 간식 같은 생존 필수품들이 가득 든 특별한 수납장이 있으면 좋겠다는 생각도 들었다. 그러나 그전에 나는 살기 위해서 어둠 속에서 허둥댔고, 무엇이 필요한지 알아내기 위해 애썼다.

남편과 나만 필요한 물품들을 찾아다닌 것은 아니었다. 샬럿 시의 시민들 모두가 그랬다. 태풍의 잔해로 막혀 있는 도로에 길을 내기 위한 전기톱, 자동차와 발전기 가동에 필요한 연료, 음식이 상하지 않도록 보관하기 위한 얼음, 막 뽑은 현금 등 바로 쓸 수 있는 물자를 있는 대로 확보하려고 애썼다. 일상의 모든 평범한 일들이 이제는 벅찬 도전으로 다가왔다. 태풍 경보를 잘 듣고 대비했다면 복구가 훨씬 더 수월했을 것을 알기 때문에 그런 노력이 하나하나 더 힘들게 느껴졌다. 하루 전만 해도 쉽게 얻을 수 있었던 물품들이었는데 위기 상황일 때 얻기란 참으로 어려웠다.

당신이 잘 계획해놓은 세상에 역경의 바람이 불기 시작할 때 어디로 시선을 향하는가? 누가 당신을 만족시킬 수 있는 대답을 갖고 있을까? 혹은 누가 당신의 항해를 돕는 자동안전장치 같은 지침을 갖고 있을까?

우리는 종종 다른 사람들처럼 돈, 교육, 성공, 건강, 외모, 영향력 등 외적인 자원으로 내적인 필요를 채우려고 시도한다. 그러나 위기의 시기에는 이런 공급원들의 한계와 부족을 절감한다. 그중에 어느 것도 우리를 만족시키거나 우리에게 필요한 것을 공급하지 못한다.

우리 안에서 발견하는 것

얼마 전 "인생은 우리 안에서 무엇을 발견하느냐에 달려 있다"라는 말을 들었다. 대부분 우리는 인생이 '우리에게' 하는 일을 거의 통제하지 못한다. 어떤 부모에게 태어날지, 어떤 환경에서 태어날지 우리 편에서는 어떤 영향도 미치지 못한다. 태어나서 처음 십여 년 동안에는 거의 모든 결정을 부모가 대신한다. 그러나 우리는 점차 독립적으로 결정하고 인격을 성장시켜나간다. 우리가 내적으로 어떤 인간이 되어가느냐 하는 문제는 인생길에서 일어나는 일들에 어떻게 반응하고 대응하는지 보면 알 수 있다.

"우물에 내리면 두레박에 담겨 올라온다"는 말이 있다. 예수님도 "마음에 가득한 것을 입으로 말함이라"(마 12:34)라고 말씀하셨다. 인생이 내게 무슨 일을 하든지 내 안에서 하나님의 말씀의 진리를 발견하면, 나는 무력한 희생자나 목적 없는 방랑자가 되지 않을 것이다. 생명과 소망과 치유와 구속의 말들이 내 마음속에서 올라오고 입 밖으로 나올 것이다.

그런데 왜 아직도 많은 그리스도인들이 인생의 도전에 패배하고 지쳐 쓰러질까? 왜 예수님을 안다고 말하는 사람들이 기쁨과 평화와 소망 없이 살아갈까? 폭풍을 통제하거나 피하려고 애쓰는 데는 아주 많은 시간을 쏟지만, 반면에 언제든지 쓸 수 있도록 하나님이 공급해주시는 물자나 방편들을 사용하는 법을 배우는 데 시간을 쏟지 않기 때문이 아닐까? 인생의 폭풍은 피할 수 없다. 따라서 우리는 피해를 현저하게 줄이는 방식으로 준비해야 한다.

폭풍을 대비하는 하나님의 구명장비

어떤 행사나 일에 적극적으로 효율적으로 참여하기 위해서는 그에 대한 준비를 하고 가야 한다. 다행히 우리가 하는 대부분의 활동이 체계적이라서 참가자들에게 일정한 준비를 요구한다. 학교, 수련회, 세미나, 교육연수, 선교여행, 회의 등이 그렇다. 주최 측에서 요구하는 준비를 해두어야 그쪽에서 제공하는 모든 것을 얻을 수 있게 된다.

자녀들을 숲 속 캠프에 보낼 때 안전과 생존에 필요한 많은 물품들을 배낭 가득 채워주지 않는가. 그러면서 우리는 왜 안전과 생존에 필요한 영적 능력을 우리 마음과 생각에 가득 채우지 않은 채 스스로 인생의 광야로 나가는 것일까? 폭풍 이후의 삶의 질은 폭풍 이전에 우리가 영적인 삶에 어떻게 주의를 기울이느냐에 따라 크게 좌우된다. 오늘이나 내일 혹은 모레 무슨 일을 만날지 아무도 장담하지 못하지만, 하나님의 준비물을 잘 갖추어 두었다면 훨씬 더 잘해나갈 것이라고 나는 굳게 믿는다.

이제부터 인생길에 필요한 영적인 준비물 목록에 대해 말해보겠다. 내가 직접 시도해보고 충분할 뿐만 아니라 그 이상이라고 깨달은 방법이다. 창조주 하나님께서 주신 준비물 목록이다. 하나님은 우리를 만드셨고 우리 삶의 모든 부분을 보살피고 생각하시기 때문에 우리 자신보다 우리를 더 잘 알고 계신다. 창조주 하나님께서는 우리에게 무엇이 필요할지 정확히 알고 계신다. 따라서 우리가 가진 자원이나 힘으로 인생을 살려고 애쓰지 않아도 된다.

재해 구호나 대비라고 하면 사람들은 흔히 적십자(The Red Cross)를 떠올린다. 적십자가 생존에 필요한 물품 목록을 처음 만들었다면, 하나님은 우리의 인생을 만든 분이기 때문에 우리가 영적으로 준비하고 대응할 수 있는 준비물 목록 또한 정해두셨다.

적십자의 준비물 목록	영적인 준비물 목록
물	그리스도의 생명
음식	하나님의 말씀
빛	작동된 믿음
비상 연락처	그리스도의 몸
담요	기도

이 목록을 인생을 살아가면서 충분히 공급받을 준비가 되기 바란다.

물 – 그리스도의 생명

생명을 유지하기 위해 가장 필수적인 물품은 물이다. 우리 몸은 물 없이는 며칠도 생존하지 못한다. 그래서 사람들은 재난 지역에 가장 먼저 물을 보낸다.

영적 생명을 위한 가장 필수적인 물품 또한 영적인 물이다. 영적인 물이 없으면 영적인 생명도 없다. 사마리아의 우물가에 앉아 있던 예수님은 한 여인을 만나 마실 물을 좀 달라고 청하셨다. 대화가 이어지면서 예수님은 이 여인에게 말씀하셨다.

"네가 만일 하나님의 선물과 또 네게 물 좀 달라 하는 이가 누구인 줄 알았더라면 네가 그에게 구하였을 것이요 그가 생수를 네게 주었으리라"(요 4:10).

예수님은 계속 말씀하신다.

"이 물을 마시는 자마다 다시 목마르려니와 내가 주는 물을 마시는 자는 영원히 목마르지 아니하리니 내가 주는 물은 그 속에서 영생하도록 솟아나는 샘물이 되리라"(요 4:13,14).

생수(living water)는 한결같은 수원지, 예수님에게서 솟는다. 이 대화에서 예수님은 말라버린 황무지 같은 여인의 연약함, 자포자기, 공허함, 영혼의 배고픔을 영원히 만족시키는 방법에 대해서 말씀하신다. 예수님이 내놓으시는 물은 우물에서 길은 물이 아니라 샘에서 흘러나오는 물이다. 우물물은 마르거나 오염이 되면 쓸모없어지기도 하지만, 샘은 순수하고 깨끗하고 만족을 주는 물이 언제나 흘러나오는 원천이다. 예수님은 여인에게 육신적인 물이 필요하다는 것을 예로 들면서 영적인 변화가 필요하다는 사실을 깨달을 수 있도록 이끌어주고 계셨다.

때로는 인생이 육신적, 정서적, 영적 광야로 우리를 데려가기도 한다. 그 광야에 머물러서 지친 영혼을 쉬게 하라. 예수님이 당신 안의 우물에 앉아 생수를 내밀고 계신다. 예수님은 그 여인에게 무엇이 가장 필요한지 알고 계셨다. 여인의 마음에 생명을 주는 예수님의 영이 부어져야 한다는 것을 말이다. 우리도 다르지 않다. 예수님이 주시는 생수를 받겠는가?

음식 – 하나님의 말씀

우리 중에 정말 배고픈 고통이 무엇인지 조금이라도 아는 사람은 극소수일 것이다. 우리는 하루에 세 끼를 먹고 간식도 챙겨 먹는다. 우리는 대부분 자신이 무엇에 대해 식욕이 있는지, 무엇을 배고파하는지 실제로 질문해보아야 한다.

스스로 질문해보라.

"나는 영적인 음식에 대한 식욕이 있는가?"

시편 기자는 "너희는 여호와의 선하심을 맛보아 알지어다"(시

34:8)라고 했다. 다시 질문해보라.

"나는 하나님의 말씀을 맛보려는 마음이 커지고 있는 중인가? 하나님의 진리를 먹기를 간절히 원하는가?"

하나님의 말씀을 매일 먹는 방법을 배울 때 우리의 영혼은 영양분을 공급받고 힘을 얻는다. 하나님의 말씀에는 우리의 영적 성장과 영적 건강 유지에 필요한 모든 성분이 들어 있다.

잠언 기자는 하나님의 말씀이 "네 몸에 양약이 되어 네 골수를 윤택하게 하리라"(잠 3:8)라고 말한다. 나는 이 말씀을 몸의 건강을 위한 섭생법의 일환으로 여기고 실제로 개인적으로 적용하고 있다. 하나님의 말씀이 많은 신체적 질병의 근본 원인인 스트레스, 긴장, 불안, 걱정, 분노와 같은 요인들을 처리할 것이다.

하나님의 말씀은 인생길을 가도록 지탱해주고 힘을 주는 영양분을 공급한다. 33년 전, 나는 예수님이 주시는 생수를 마셨다. 예수님의 영이 내 안에 살아 계시자 나의 식욕과 나의 열망이 변화되기 시작했다. 의(righteousness)를 향한 나의 배고픔과 목마름이 커지기 시작하자 나는 하나님의 말씀을 듣고 읽고 공부하고 적용하면서 그 배고픔과 목마름을 채워나갔다. 하나님의 말씀은 "살아 있고 활력이 있어"(히 4:12) 하나님의 말씀을 영적인 식단의 기본 식품으로 삼아 규칙적으로 먹으면 그 말씀이 우리를 내면에서부터 변화시킨다.

여기서 잠시 멈추고 영적인 식사 계획을 짜도록 격려하고 싶다. 어떤 버전이라도 좋으니 성경을 집어 들어라. 혹은 스마트폰에서 성경 애플리케이션(application)을 다운받아라. 성경을 읽기 전에 일용할 영적 양식을 주신 하나님께 머리 숙여 감사드려라. 그렇게 시작할 때 당신은 영적인 진리를 먹는다. 지탱해주시고, 힘을 주시고, 하나님 안에서 성장하게 해달라고 기도하고 구하라. 성경을 처음 읽는 분이라면 이렇게 제안하고 싶다.

- 요한복음부터 읽기 시작하라.
- 매일 시편을 읽어라. 그러면 찬양하고 기도하는 법을 배울 수 있다.
- 매일 잠언을 읽어라. 그러면 하나님이 주시는 지혜가 커진다.

빛 – 작동된 믿음

빛은 생존에 필수적이다. 우리가 어둠 속에 있다면 우리는 선명함과 방향을 찾아 더듬거리고 몸부림칠 것이다. 어둠은 불확실성과 두려움으로 가득하지만 손에 손전등만 있어도 우리는 자신 있게 확신에 차서 발을 내디딜 용기를 얻게 된다. 손전등을 켜면 빛의 길을 따라서 앞으로 나아갈 힘을 얻는다.

마찬가지로 믿음은 영적 생존에 필수적이다. 어떤 사람이 영적인 문제 때문에 요동하지 않을 때 우리는 그 사람의 믿음이 강하다고 표현한다. 그런 사람은 환경에 상관없이 확신하면서 계속 전진하는 것처럼 보인다.

믿음은 영적인 삶을 살기 위해 반드시 작동시켜야 하는 동력이다. 히브리서 11장에는 하나님께서 열방과 민족들에게 영향을 주시고자 들어 쓰신 믿음의 조상들의 명단이 나온다. 거기에 나오는 사람들은 인생의 폭풍으로 인한 어둠과 어려움을 이겨냈고, 하나님의 말씀을 믿는 믿음을 작동시켰고, 믿음으로부터 나오는 능력과 확신을 가지고 살았다. 믿음은 빛을 발하겠다고 결심할 뿐만 아니라 하나님께서 이끄시도록 믿고 따르겠다고 결심한 모든 사람들을 불러냈고, 능력을 주었고, 권한을 주었고, 지탱했고, 축복했고, 강하게 했고, 시험했고, 견뎠고, 보상했고, 완전하게 했다.

"믿음은 바라는 것들의 실상이요 보이지 않는 것들의 증거니"(히 11:1).

믿음으로 예수님이 주시는 생수를 받아 마셔라. 예수님이 주시는 생수를 믿음으로 한 모금 마시면, 그 한 모금이 당신 안에서 솟는 샘물이 된다. 믿음으로 하나님의 말씀을 들어라. 하나님께서 당신의 삶에 직접 말씀하셔서 당신을 소생시키시도록 믿고 따르라.

비상 연락처 – 그리스도의 몸

인생의 폭풍이 몰아칠 때 고립된 상태로 살아가는 것은 위험하다. 외부의 공격에 가장 취약할 뿐만 아니라 실종될 가능성이 가장 높은 사람들은 어떤 공동체에도 소속되어 있지 않은 사람들이다.

똑같은 원칙이 그리스도의 몸의 지체인 우리에게 그대로 적용된다. 우리는 서로를 필요로 하고 돕도록 창조되었다. 그리스도의 몸의 건강과 최적의 기능과 보호를 위해서는 각각의 지체가 모두 필요하다.

"우리가 한 몸에 많은 지체를 가졌으나 모든 지체가 같은 기능을 가진 것이 아니니 이와 같이 우리 많은 사람이 그리스도 안에서 한 몸이 되어 서로 지체가 되었느니라"(롬 12:4,5).

제임스가 죽었다는 소식을 듣고 이틀이 지났을 때, 남편은 아들의 시신을 집으로 데려오기 위한 협의차 케냐의 나이로비로 날아갔다. 남편의 친구 한 사람이 돕기 위해 동행했다. 혼자서 이겨낼 수 있을 때가 아니었기 때문이다. 처음 그곳에 도착하고 며칠 동안은 그리스도의 확대된 몸(extended body), 즉 교회의 많은 사람들이 자진해서 우리 부부를 도와주었다.

제임스의 죽음을 알고 나서 가장 먼저 한 일은 사이먼 목사님과 아그네스 사모님을 비롯한 몇몇 지인들에게 이 사실을 알리는 것이었다. 제임스는 생애 마지막 5년간 때때로 그 분들의 댁에서 함께 살았고 두 분 모두 제임스를 친아들처럼 사랑해주었다. 두 분은 제임스의 소식을 듣자마자 "내일 우리가 먼저 나이로비로 가서 프랭크가 도착할 때까지 제임스의 시신을 지키며 기다릴게요"라고 대답했다. 사랑이 많고 경건한 두 분은 정말 제임스와 함께하기 위해 다음 날 집을 떠나 케냐의 나망가로 날아갔다.

프랭크는 케냐의 코카콜라 회사와 개인적으로나 사업적으로 관계가 깊었다. 그래서 그런지 여러 사람이 나이로비 공항으로 남편을 마중 나왔다. 신실한 여성 사업가 세 명이었다. 그중에 한 분은 그리스도의 사랑과 남편을 존중하는 마음으로 자원해서 시신부검 입회인으로 참석해주었다. 또 부검이 끝난 순간부터 줄곧 제임스 곁을 떠나지 않고 지켜주었다.

몇 개월 후, 나는 그 세 분의 여성에게 아침 식사를 대접하게 되었다. 그들의 사랑과 관심에 감사의 뜻을 전하자 한 분이 이렇게 대답했다.

"부인, 그것은 하나님께 드리는 예배였습니다."

그중에 한 분은 제임스의 시신에 단정한 복장을 갖추어 입히기 위해 직접 옷을 사오기도 했다. 숨을 거둘 당시 제임스가 반바지와 티셔츠 차림이었기 때문이다. 이것이 다 주님을 섬기는 마음으로 베풀 수 있는 따스한 사랑과 친절이었다.

우리가 어렵고 고된 환경에 처했을 때, 하나님께서는 하나님의 백성들을 통해 우리의 마음을 어루만져주신다. 그 상황에서 하나님의 백성들이 베푸는 모든 행위가 바로 하나님께서 우리가 겪는 일들을 모두 아시고 보살피신다는 진리를 상기시켜준다.

폭풍의 기세가 너무 맹렬하고 짐이 너무 무거워서 혼자서는 그것을 감당할 수 없을 때가 있다. 폭풍이 몰아치고 방해가 심해질 때 그것을 이겨내려면 우리를 도울 사람들이 꼭 있어야 한다. 그들이 바로 환난에 처한 우리의 비상 연락처이다.

담요 – 기도

온몸을 훑고 지나가는 냉기 때문에 오들오들 떨린다. 그때 누군가가 담요를 덮어서 꼭 감싸준다.

나는 낮은 목소리로 말했다.

"우리를 위해 기도해주세요."

그 순간 아들을 잃은 충격으로 망연자실해서 기도할 수 없을 때, 남편과 내가 이 폭풍 속에서 살아 있다는 것은 초자연적인 능력을 힘입었기 때문이라는 사실을 깨달았다. 기도는 하나님의 사랑의 깃발을 펼치고 하나님의 돌보심으로 우리를 포근히 감싼다.

제임스의 소식이 전해지자 다른 사람들이 우리를 위해서 기도하기 시작했다. 데살로니가전서 5장 17절에서는 "쉬지 말고 기도하라"고 말씀한다. 남편과 내가 여러 의문과 협의 사항과 실제적으로 내려야 할 결정에 시달리는 동안 우리 교회의 정말 많은 신자들, 나의 성경공부 그룹, 친척, 친구들이 우리를 위해서 기도했다. 하나님께서 남편과 나의 마음과 영 안에 하나님의 진리를 층층이 쌓아올리시는 느낌이 든다.

"이와 같이 성령도 우리의 연약함을 도우시나니 우리는 마땅히 기도할 바를 알지 못하나 오직 성령이 말할 수 없는 탄식으로 우리를 위하여 친히 간구하시느니라 마음을 살피시는 이가 성령의 생각을 아시나니 이는 성령이 하나님의 뜻대로 성도를 위하여 간구하심이니라"(롬 8:26,27).

예수님이 우리를 위해서 기도하고 계시며 기도 방법과 기도 제목을 정확히 아신다는 진리를 깨달으면 정말 마음이 든든하고 큰 위안을 얻는다.

마침내 나도 나를 위해서 기도하기 시작한다. 식구들이 함께 모여 환난 중에 만날 큰 도움이신 하나님께 부르짖는다. 기도를 공급해주신 하나님께 감사드린다.

"저녁과 아침과 정오에 내가 근심하여 탄식하리니 여호와께서 내 소리를 들으시리로다"(시 55:17).

폭풍을 견디도록 준비해주시는 하나님

나는 오랜 시간 동안 여성들이 하나님의 말씀을 읽고 실생활에 적용하도록 열정적으로 성경을 가르치며 살아왔다. 성경이 내 일상의 필요와 결정과 소망에 적용되는 진리와 원칙으로 가득하다는 사실을 배웠을 때 나의 인생 여정도 변화되었다.

진리 안에서 성장하며 말씀을 가르치면서 보낸 시간은 나와 가족들에게 말할 수 없이 귀중했다. 그렇게 보낸 나날들이 모두 준비 기간이었다. 우리 가족은 성경에서 배운 진리를 실생활에 적용할 때마다 영적인 준비물을 비축하고 최신 물품으로 바꿔서 채워 넣고 있었던 것이다. 우리가 인생의 폭풍을 잘 견디도록 하나님께서 우리에게 성경의 교훈과 원칙과 약속과 경고로 준비해주고 계셨다. 인생의 거센 바람과 파도가 칠 때 우리는 어디서 도움과 안내를 구해야 할지 알고 있었다.

2010년 10월 5일, 인생 최악의 폭풍이 남편과 나를 정면으로 강타하며 위협했을 때 나는 우리의 비품 보관함에 준비물이 가득하고 이전에는 결코 깨닫지 못했던 방식으로 우리가 준비된 상태라는 사실을 깨달았다.

하나님께서는 인생의 혼란에 대비하여 우리를 준비시키시고 은혜와 힘을 주시기 원하신다. 하나님께서는 거센 물결이 우리를 삼키고 역경의 바다 속으로 빠트리기 위해 소용돌이 칠 때에도 우리가 잘 견딜 수 있도록 준비되기를 원하신다.

지금 당신의 영적 준비물에 무엇이 있는지 재고 조사하기 좋은 때이다. 새로운 물품을 보충하기 위해 내용물들을 신중히 점검하고 사용법을 익히도록 하자.

- 물 - 당신의 삶 가운데 생수의 샘, 즉 예수 그리스도 바로 그분이 콸콸 솟아나고 있는가? 그렇지 않다면 무엇이 방해하는지 알려달라고 구하라. 불신앙, 용서하지 않음, 감사하지 않음, 원통함, 적의, 분노, 시기심, 비난하는 태도 같은 요인 때문일지도 모른다.
- 음식 - 어떤 방식으로 영적 식사를 할 계획인가?
- 빛 - 믿음으로 영적 동력을 작동시켰는가?
- 비상 연락처 - 그리스도의 몸의 지체의 명단을 작성하라. 믿음과 지혜를 지닌 사람들이어야 한다.
- 담요 - 당신을 위해 기도해줄 사람들이 누구인지 아는가? 다른 사람들을 위해서 기도하는가? 비축해둔 준비물은 무엇인가? 보충해두어야 할 준비물은 무엇인가?

Chapter 4

폭풍 대피소 ;

하나님을 피난처로 삼으라

나의 할머니가 사는 곳은 메마른 황토 평지에 농지가 끝없이 펼쳐진 테네시 주 서쪽이다. 토네이도 길목(Tornado Alley)이라고 불리는 그 지역의 농가에는 대부분 폭풍 대피용 지하실이 있다. 깔때기 모양의 구름을 발견하면 숨는 곳이다. 하늘이 어두워지고 대기 압력이 올라가기 시작하면 지표면보다 더 낮은 지하 대피소로 달려가야 한다. 광포한 기세로 몰아치는 토네이도로부터 멀어져야 하기 때문이다. 농부들은 토네이도가 몰아치는 동안 사용할 필수품들을 그곳에 비축해둔다.

토네이도는 예측할 수 없는 경로로 제멋대로 가로지르며 결국 파괴와 죽음을 남긴다. 반면에 대피용 지하실은 안전하고 조용한 피난처이자 위로와 보호를 위해 함께 몸을 움츠릴 수 있는 믿을 만한 장소이다. 할머니 댁을 방문했을 때 그곳에 들어가야 할 상황은 생기지 않았지만, 나는 그런 곳이 존재하며 어떨 때 유용한지 잘 알고 있었다.

토네이도가 오고 있고 이미 주변에 잔해들이 떨어지기 시작하는데, 그것을 무시한 채 악천후를 무릅쓰고 밖에 서 있으려고 하겠는가? 현실을 부정하는 것처럼 근처에 있는 나무를 붙잡고 두 눈을 질끈 감아버리면 그것으로 가공할 바람과 공중에 떠다니는 잔해들로부터 보호받을 수 있을까? 피할 곳을 찾지 못한다면 금방이라도 들이닥칠 것 같은 토네이도의 위협으로부터 보호받을 수 없다. 우리의 생존은 사납게 몰아치는 폭풍을 피할 수 있는 곳을 아는 지식과 실제로 그 피난처로 피하는 행위에 좌우된다.

인생의 폭풍이 지평선 너머로부터 소용돌이치며 다가올 때, 우리는 모두 비슷한 선택을 한다. 대피소를 찾을까, 아니면 보호를 거부하고 가장 깊은 곳에 있는 영적 취약성을 드러낸 채 소용돌이 한가운데에 설까? 인생이 즐거울 때 우리는 하나님과 세상이 주는 행복만을 느낄 뿐 피난처에는 그다지 주목하지 않는다. 그러나 나쁜 소식 한마디로 우리 인생 전체에 그늘이 지고 믿음과 소망이 죽는다. 그럴 때 피난처를 지정해놓으면 시련을 극복할 수 있고 인생의 토네이도에 날아가 산산조각 나는 사태를 면할 수 있다.

당신은 인생의 폭풍이 몰아칠 때 피난처를 찾기 위해 어디로 시선을 향하는가? 환경 때문에 인간관계가 헝클어지고, 예상치 못한 변화가 한꺼번에 몰아치고, 정서적 지각변동이 일어날 때, 그럴 때에도 참된 평화를 주는 지정된 피난처를 가지고 있는가? 우리는 우리 인생을 향한 하나님의 일기예보에 폭풍이 포함되어 있다는 사실을 안다. 따라서 폭풍에 대비할 구명 장비를 챙길 수 있다. 그러나 폭풍을 알고 준비하는 삶과 폭풍을 견뎌내는 삶은 전혀 다르다.

다윗은 이스라엘 왕으로서 종종 개인적으로나 공적으로 위협적인 전쟁과 위기 상황에 연루되었다. 그럴 때 그는 상황에 대비했을 뿐만 아니라 피난처를 찾았다. 다윗은 보호의 원천이신 하나님께 외친다.

내 마음이 약해질 때에 땅 끝에서부터 주께 부르짖으오리니 나보다 높은 바위에 나를 인도하소서 주는 나의 피난처시요 원수를 피하는 견고한 망대이심이니이다 내가 영원히 주의 장막에 머물며 내가 주의 날개 아래로 피하리이다 시 61:2-4

두려움 뒤에 숨기

인생을 혼란스럽게 하는 몇 가지 사건은 돈, 인간관계, 일, 가정 등 안도감의 원천으로 삼은 것들이 흔들렸을 때이다. 이를테면 재정적으로 안정된 삶을 살아가던 사람들이 갑자기 파산하거나 직장을 잃을 경우다. 당신과 나 역시 기댈 만한 피난처를 다른 방식으로 잃게 되거나 혹은 이미 잃었는지도 모른다. 건강검진을 받으러 갔다가 이상 징후가 보인다는 말을 듣고 삶이 무너질 것 같은 공포심에 짓눌려 살아가고 있는지도 모른다. 또 엄마로서 최선을 다해 자녀를 사랑하고 가르치고 키웠지만, 그 아이가 멀리 떠났거나 돌이키지 못할 만한 상황에 빠졌을지도 모른다. 어쩌면 깊고 어두운 우울증이라는 수렁에 빠져서 아무도 나를 건져내지 못할 것이라고 느낄지도 모른다. 혹은 어떤 사람과의 관계가 깨지면서 거절당하고 버려졌다는 느낌만 남아 아파할지도 모른다. 몰지각하고 경솔하고 부적절한 어떤 사람의 행동 때문에 당신의 평생의 꿈이 날아갔을지도 모르고, 어떤 사람의 부재를 상상할 수 없는데 당신이 지금 바로 그 사람의 묘지 옆에 서 있을지도 모른다.

우리는 정서적으로 이런 상황들을 견디기 위해서, 물밑으로 끌려 내려가지 않기 위해서 수면에 떠 있는 무언가에 매달리는 경향이 있다. 인생이 혼란스럽고, 두려움의 파도가 쳐서 끝없는 절망의 바다로 우리를 빠트리려고 으르렁거릴 때, 우리는 손쉽게 다음과 같은 것에 초점을 맞춘다.

- 파도의 높이
- 바람의 세기
- 고통의 강도
- 위협적인 위험이나 피해
- 짐의 무게
- 부르심의 대가

- 상실(loss)의 불안
- 침묵
- 외로움
- 슬픔
- 실망
- 불공정

당신은 바람직하지 않은 대상을 바라본다. 그리고 그 대상들이 당신을 정서적으로, 영적으로 죽이려고 위협한다고 느낀다. 두려움은 지배력을 가진 강력한 감정이다. 소망과 믿음을 훔치고 빼앗고 파괴한다. 두려움은 사탄이 신자들의 귀에 속삭이는 거짓말에 기초한 감정인데도 마치 폭풍을 견디는 데 필요한 물품인 것처럼 스스로 위장하기도 한다. 그렇지만 두려움은 삶의 기초를 다시 세우거나 새 힘을 얻는 데 전혀 도움이 되지 않는다. 영적인 능력과 목적을 다 빼앗고 쓰러져가는 대피소로 몸을 피하는 상태에 빠트릴 뿐이다.

하나님께서는 "두려워 말라"고 되풀이해서 말씀하신다. 그러나 우리는 두려움을 붙잡고, 움켜쥐고, 아기처럼 애지중지 품는다. 두려움은 우리가 실제로 하나님의 보호를 회피하는 중인데도 폭풍에 대한 대책을 주도적으로 세우는 중이라고 생각하도록 우리를 속이기 때문에 일시적으로 위안을 주기도 한다. 그러나 결코 만족을 주지는 못한다.

하나님, 어디 계셨나요?

부모가 자식을 잃게 되면 모든 일이 대단히 잘못되었다고 느낀다. 그것을 당연하게 받아들일 수는 없을 것이다. 부모는 자식들이 아무런 부족함 없이 잘 사는 모습을 보기 원한다. 제임스가 27세의 젊은 나이로 세상을 떠나기 전, 그동안 나는 제임스를 성숙하고 강인하게 키워달라고 기도했다. 모든 자식들을 위해 똑같이 기도했지만, 제임스를 위해서는 좀 더 큰 믿음으로, 좀 더 자주 기도해야 할 것 같았다.

그러나 제임스는 청년이 되자 자신의 길을 찾기 위해 힘겹게 싸웠고, 종종 인생과 다른 사람들로부터 환멸을 느꼈다. 부모라면 자신만의 길을 찾기 위해 몸부림치는 자식을 지켜보는 마음이 얼마나 고통스러운지 알 것이다. 나 또한 엄마로서 제임스가 인생의 많은 일들을 스스로 선택할 수 있도록 안내하기 위해 노력해야 한다는 부담을 느꼈다.

제임스가 열세 살 무렵, 그때부터 나는 "내가 산 자들의 땅에서 여호와의 선하심을 보게 될 줄 확실히 믿었도다"라는 시편 27편 13절 말씀을 따라 기도하기를 좋아했다. 나는 자식들에게 세상의 일반적인 성공 이상을 원했다. 나는 하나님께 우리 가정에서 하나님의 강력한 종들을 키워내는 데 필요하다면 어떤 일이라도 베풀어주시기를 구했다. 하나님의 선하심을 보기 원하는 진실한 소망으로 아뢴 대담한 기도였다.

그러나 제임스가 죽었다는 소식을 들었을 때 나는 겁나고 두려웠다. 심지어 내가 조금은 어리석다고 느껴졌다. 나는 이제 막 성인이 된 아들을 잃었다. 대체 어떻게 그런 일이 하나님의 계획일 수 있다는 말인가?

원수 사탄의 거짓말이 야유를 보내며 하나님의 신실한 약속을 삼키고자 위협했다. 의심과 의문이 홍수처럼 마음에 넘쳐흘렀다. 나는 궁금했다.

"하나님, 왜 이런 일이 일어났나요? 제 모든 기도는 어떻게 되었나요? 주님, 어디에 계셨어요? 주님, 말씀을 잊으셨어요? 이럴 작정이셨다면 애초에 음성은 들려주시지 말지, 왜 그러셨어요? 제가 겉으로 시늉만 하고 상황이 바뀌기만을 원하고 있었나요? 이 일이 말도 안 되는 충격적인 사건일 뿐인가요? 저의 실수나 죄에 대한 일종의 보복 같은 것인가요? 주님, 제 가족을 정말 돌보고 계신 건가요?"

이렇게 질문하고 의심할 때마다 엄청난 파도가 내 마음을 사정없이 때리는 것 같았다. 그래서 마음에서 이런 생각은 이끌어내지 못했다.

'하나님의 말씀이 진리이고, 제임스가 죽기 전에 내가 하나님의 말씀을 믿었는데, 어떻게 제임스가 죽었다고 하나님의 말씀을 던져버릴 수 있는가? 하나님의 약속은 내가 느끼는 아픔의 무게를 견디기에 충분할 정도로 강한가?'

진리의 반석을 때리는 파도

예수님은 구체적인 상황에 대해서 말씀하셨다.

그러므로 누구든지 나의 이 말을 듣고 행하는 자는 그 집을 반석 위에 지은 지혜로운 사람 같으리니 비가 내리고 창수가 나고 바람이 불어 그 집에 부딪치되 무너지지 아니하나니 이는 주추를 반석 위에 놓은 까닭이요 나의 이 말을 듣고 행하지 아니하는 자는 그 집을 모래 위에 지은 어리석은 사람 같으리니 비가 내리고 창수가 나고 바람이 불어 그 집에 부딪치매 무너져 그 무너짐이 심하니라 마 7:24-27

예수님께서는 주추를 반석 위에 놓은 집이나 모래 위에 지은 집

모두 폭풍을 맞았다고 말씀하셨다. 이 점을 주목하라! 지혜롭게 반석 위에 집을 지어도 폭풍 없는 날들을 보장받지는 못한다. 사탄에게 속고 무지한 신자들에게 속아 하나님의 자녀는 시련과 고통을 겪지 않는다는 말을 믿지 않도록 주의해야 한다.

예수님은 다음 세 가지가 인생의 폭풍을 이기는 능력의 밑바탕이라고 말씀하셨다.

- 어디에 집을 짓는가? - 정신적, 영적 토대를 뜻한다.
- 누구의 말을 듣는가? - 누구에게 조언을 받느냐를 뜻한다.
- 말씀을 듣고 무엇을 행하는가? - 하나님의 지혜를 따라 행하느냐 거부하느냐를 뜻한다.

하나님의 말씀은 믿음을 튼튼하게 하고 확신에 차게 하는 약속으로 가득하다. 하나님께서는 우리가 결코 혼자가 아니며 아무것도 두려워할 필요가 없다고 거듭 일깨워주신다. 그분은 우리의 대적이 해치고 파괴하려고 행하는 모든 술책이나 거짓말에 대응하는 기본적인 진리를 갖고 계시며, 우리는 우리 자신을 강하게 하고 지탱하기 위해서 그 진리를 적용하고 사용해야 한다. 하나님은 언제나 신뢰할 만한 분이다. 그러나 정말로 그렇다는 사실을 어떻게 알까?

위기 상황에 부닥쳤을 때, 당신은 머리와 마음 사이에 치열한 줄다리기가 벌어진다고 느낄 것이다. 현재의 환경 너머를 보기 위해 애쓰지만 막상 당신을 향해 돌진해오는 파도만 보일 뿐이다. 고통은 현실적이고 당신의 삶은 심각한 상실로 영원히 상처를 입을지도 모른다. 그러나 고통을 응시하면 우리 쪽으로 밀려오는 파도를 막지 못한다. 일단 폭풍이 몰아치기 시작하면 시간을 거슬러 올라가 고통을 없애지 못한다. 그러나 우리는 피난처로 피해 거짓말과 두려움과 절망에 압도된 채 밀려오는 파도에 쓸려가는 사태를 막을 수는 있다. 예수님은 폭풍을 이겨낼 수 있는 견고한 진리의 피난처이신 예수님 안으로 피난하라고 명하신다.

어쩌면 지금 당신은 다음과 같은 생각과 감정의 해일의 공격을 당하고 있는지도 모른다.

내게 밀려오는 파도 : "나는 이겨내지 못해. 애써봤자 소용없어."
진리의 반석 : "내게 능력 주시는 자 안에서 내가 모든 것을 할 수 있느니라"(빌 4:13).

내게 밀려오는 파도 : "나는 가치가 없어. 아무도 나를 원하지 않아."
진리의 반석 : "여호와의 말씀이니라 너희를 향한 나의 생각을 내가 아나니 평안이요 재앙이 아니니라 너희에게 미래와 희망을 주는 것이니라"(렘 29:11).

내게 밀려오는 파도 : "돈이 다 떨어지면 아무도 나에게 신경 쓰지 않을 거야."

진리의 반석 : "나의 하나님이 그리스도 예수 안에서 영광 가운데 그 풍성한 대로 너희 모든 쓸 것을 채우시리라"(빌 4:19).

내게 밀려오는 파도 : "이 상황은 절대 변하지 않을지도 몰라. 나는 일평생 이렇게 살게 될 거야. 내 인생은 끝났어."

진리의 반석 : "우리가 알거니와 하나님을 사랑하는 자 곧 그의 뜻대로 부르심을 입은 자들에게는 모든 것이 합력하여 선을 이루느니라"(롬 8:28).

내게 밀려오는 파도 : "아무도 나에게 신경 쓰지 않아. 난 완전히 혼자야."

진리의 반석 : "여호와여 주의 이름을 아는 자는 주를 의지하오리니 이는 주를 찾는 자들을 버리지 아니하심이니이다"(시 9:10).

내게 밀려오는 파도 : "혼란스러워. 어떻게 해야 좋을지 모르겠어."

진리의 반석 : "너는 마음을 다하여 여호와를 신뢰하고 네 명철을 의지하지 말라 너는 범사에 그를 인정하라 그리하면 네 길을 지도하시리라"(잠 3:5,6).

제임스가 죽었다는 소식을 들었을 때, 마음속에서 두려움과 믿음의 논쟁이 격렬해지기 시작했다. 그러나 두려움이 밀려들 때마다 살아 계신 하나님의 영이 영원한 진리의 말씀을 상기시켜주셨다. 아픔과 슬픔은 실제적이었지만 또 다른 선택 사항을 제안하시는 하나님을 느낄 수 있었다. 바로 하나님 안으로 피하라는 것이다. 하나님께서는 나와 가족에게 갑자기 닥친 이 악몽을 헤쳐나갈 수 있게 이끄시는 능력을 가지고 계셨다.

믿음으로 걸어가기

내 친구 제레미와 미셸은 알래스카의 외딴 마을에 사는 아름답고 젊은 부부이다. 두 사람은 손수 집을 지었다. 그 집에는 한시도 가만있지 못하는 개구쟁이 세 아들과 귀여운 세 딸이 살고 있다. 만일 벽이 말을 할 수 있다면 그 집에서 나오는 왁자지껄한 웃음소리, 사랑의 메아리, 기쁨의 환호, 물론 좌절의 비명까지도 울려 퍼뜨릴 것이다.

제레미는 알래스카 삼림지대의 경비행기 조종사이자 사냥 안내원이며, 미셸은 전업주부이다. 몇 해 전, 그들은 세 딸을 데리고 알래스카 남쪽 앵커리지로 여행을 떠났다. 업무도 처리하고 쇼핑도 하고 함께 시간을 보내기 위해서였다. 외지에서 마을로 들어오거나 나갈 수 있는 도로가 없기 때문에 그들은 어디를 가든지 비행기를 이용했다. 그런데 바로 그날, 기상 상태가 좋지 않고 눈까지 내려 시야가 흐릿했다. 이륙 허가를 받았지만 기상 상태는 더 나빠졌다. 앵커리지까지 절반쯤 날아갔을 때 급변하는 날씨 때문에 제레미는 하는 수 없이 얼어붙은 호수 위로 비상착륙을 시도했다. 그런데 비행기가 호수에 착륙한 순간 얼음 표면이 가라앉았고 어떻게 손을 써보지도 못한 채 결국 캄캄한 얼음물에 추락하고 말았다.

결국 제레미와 미셸만 살아남았다. 평범했던 여행이 일순간 생명을 위협하는 부상과 이해할 수 없는 상실을 가져온 폭풍으로 변하고 말았다. 두 사람은 그 끔찍한 현실을 받아들일 준비가 되어 있지 않았다. 어느 것도 그런 준비를 해주지 못했다.

10년 전쯤에 일어난 일이다. 그 후로 제레미와 미셸은 그 끔찍한 악몽을 견디며 살아왔다. 다시는 딸들을 찾을 수 없었고, 고통스러운 그날의 기억은 계속되었다. 그들이 하나님께 화를 내고, 하나님의 말씀을 의심하거나 믿음을 버리고 싶어 한다고 해도, 아무도 그들을 비난하지 않을 것이다. 그토록 고통스러운 비극의 폭풍을 만난 그들이 폭풍 이후의 삶을 발견할 수 있을까? 하나님께서 그런 엄청난 상실을 겪은 가족을 어떻게 회복시키실까?

제레미와 미셸은 그 일을 겪으면서 하나님 안으로 피하기로 결단했다. 두 사람은 지금도 여전히 원수의 거짓말과 싸우고 있다. 만일 그들이 그들의 환경만 바라보았다면 고통과 상실을 견디지 못했을 것이다. 그러나 그들은 예수님께 시선을 고정시키고 그분의 강함을 의지하기로 선택했다. 고통스러운 기억이 평안과 기쁨을 빼앗겠다고 위협할 때, 그들은 하나님 말씀의 소망과 진리를 의지했다. 달력에 세 딸의 생일이나 졸업식이 열렸을 날들을 표시하면서 장차 천국에서 함께 나누게 될 축하 행사를 믿기로 결심했다.

사탄이 두 사람을 갈라놓으려고 할 때, 그들은 견고한 하나님의 말씀의 토대 위에 굳게 섰다. 그들은 인생의 폭풍이 몰아쳤을 때 감정과 거짓말과 고통스러운 기억이 그들의 삶을 지배하도록 내버려 두지 않았으며 하나님의 말씀 안에서 피할 곳을 찾았다.

당신은 어떤가? 두려움과 의심의 파도가 당신의 마음을 때리고 위협하는가? 불확실한 토네이도가 믿음을 뒤엎는가? 당신을 향해 달려드는 파도의 기세를 과소평가하고 싶지 않다. 나에게도 맞서기 힘든 의심의 파도가 하나님의 진리의 소리를 삼켜버리겠다고 위협했던 시간들이 있었기 때문이다. 그러나 정말 감사한 것은, 우리가 두려움과 의심이 만든 나선형 곡선을 따라 추락하지 않아도 된다는 사실이다. 믿음은 하나님의 진리라는 견고한 토대에 근거한 선택이다. 우리는 하나님의 확실하고 견고한 피난처를 찾기로 결심해야 한다.

하나님께서 지정하신 만남의 장소

예수님을 따르는 사람들 중에 맹렬한 폭풍 가운데 힘겹게 싸울 때 불신앙으로 흔들리는 사람이 우리만은 아니다. 예수님의 제자들 또한 두려움에 사로잡힌 채 예수님의 말씀을 모두 잊어버렸다. 예수님이 십자가에 못 박히시기까지 예루살렘에서 마지막으로 보내신 사흘 동안 제자들은 믿음을 저버렸고, 결국 제자들에게는 의심으로 가득 찬 자루 하나만 남았을 뿐이었다. 제자들은 공포에 질려 울면서 어떤 집에 숨은 채 문을 걸어 잠갔다. 제자들이 아는 것이라고는 예수님이 죽었다는 사실뿐이었다. 제자들의 꿈과 기대는 완전히 깨졌다. 그들은 실망했다.

지금 당신의 꿈과 기대가 깨지는 것처럼 느껴지고 실망스럽다면, 당신만 그런 것이 아니다. 예수님은 폭풍을 만난 사람들 모두가 그렇게 느낀다는 사실을 잘 아시고 이해하신다. 또한 그분은 "내가 살아난 후에 너희보다 먼저 갈릴리로 가리라"라고 말씀하신다. 요점을 놓치지 말라! 예수님은 십자가 죽음 이후에 제자들을 만날 장소를 지정하셨다.

모든 비상 계획에는 집결지가 지정되어 있다. 예수께서는 "내가 이 위기 상황의 반대편에서 너희를 만나겠다. 내가 무덤 반대편에 가 있겠다"라고 제자들에게 말씀하셨다. 그러나 제자들이 몹시 두려워하고 강한 의심에 결박되어 있었기 때문에, 예수님은 제자들에게 다시 메시지를 보내셔야 했다. 예수님은 이전에 하신 말씀을 제자들에게 다시 상기시킬 필요가 있다는 사실을 아셨다. 예수님은 계획을 갖고 계셨다. 막달라 마리아가 부활하신 예수님을 보았을 때, 예수님은 말씀하셨다.

"무서워하지 말라 가서 내 형제들에게 갈릴리로 가라 하라 거기서 나를 보리라"(마 28:10).

당신이 여기까지 읽었다면, 당신 혹은 당신 주변의 누군가가 인생의 폭풍을 겪는 중이고 파도가 치는 중이기 때문일 것이다. 바람이 사납게 몰아칠 때 예수님의 말씀을 듣는 것은 어렵다. 역경의 파도가 무섭게 칠 때 항로를 이탈하기가 쉽다. 내가 예수님이 일깨우시는 메시지를 당신에게 전달할 수 있도록 허락하기 바란다. 나는 예수님의 메시지를 다시 전달하기 원한다. 예수님은 당신보다 먼저 위기 상황의 반대편에 가 계신다. 예수님은 예수님 안에서 피난처와 방향을 찾으라고 명하신다.

하나님과 함께 걷는 발걸음 Your steps with God

단 몇 분만 시간을 내어 스스로에게 질문해보라.

"나를 죽이려고 위협하며 밀려오는 파도가 무엇인가? 나는 하나님의 진리의 반석 어디 위에 서서 마음을 강하게 해야 할까?"

나에게 밀려오는 파도 :

진리의 반석 :

나에게 밀려오는 파도 :

진리의 반석 :

나에게 밀려오는 파도 :

진리의 반석 :

하나님의 음성을 들을 수 있는 귀를 달라고 구하자. 두 발로 설 수 있는 힘을 달라고 구하자. 지정된 만남의 장소를 향해 나아갈 수 있는 믿음을 달라고 구하자. 하나님께서는 폭풍을 피할 불변의 피난처로 남아 계신다.

LIFE AFTER THE STORM

Part 2

폭풍이
몰아치다

우리는 폭풍 가운데 있을 때
하나님의 돌보심과 목적에 우리를 맡기기로 결단해야 한다.
그렇지 않으면 폭풍의 고통을 스스로 피하기 위해 애쓰게 된다.

Chapter 5

인생의 소용돌이;

나 는 폭 풍 을 해 결 할 수 없 다

2010년 봄, 내 아들 제임스는 자신도 모르게 인생의 교차로에서 있었다. 그리고 20대의 청춘들이 그러는 것처럼 이런 질문과 씨름했다.

"인생에서 무엇을 해야 할까?"

제임스는 자아 성찰의 기간 동안 아프리카에서 일자리를 찾을 때까지 친구이자 인생의 길잡이인 사이먼 목사님과 함께 사역하기 위해 케냐로 떠났다. 아들은 몇 개월간 케냐의 작은 마을 나망가에서 지내며 그곳의 여러 다양한 문제들을 개선하는 일에 그가 가진 시간과 재능과 자원을 바쳤다. 도로 건설을 도왔고, 쓰레기 처리를 체계화했으며, 집을 짓기 위해 수많은 벽돌을 만들었다. 또마을 주민들과 인격적으로 깊은 관계를 쌓았으며, 어렵게 살아가는 그곳 사람들의 삶을 개선하고자 하는 목적의식을 분명하게 느끼기 시작했다.

제임스는 영구 취업 비자를 얻기 위해 몇 주간 나이로비에서 터무니없는 일을 하곤 했다. 결국 열악한 작업 조건 때문에 몸에 큰 무리가 갔다. 그의 몸은 계속해서 비위생적인 환경에 노출되면서 질병에 취약해졌다. 그렇게 나망가와 나이로비를 오가던 어느 날, 제임스는 많이 아팠지만 자기가 위험한 상태라는 사실을 깨닫지 못한채 잠시 쉬기 위해 작은 호텔에 들어갔다.

그러나 그곳에서 급성 폐렴으로 외로이 세상을 떠났다.

갈림길

절친한 친구 하나가 눈물을 흘리며 떨리는 목소리로 말했다.

"엄마를 잃는다는 것은 상상이 안 돼. 나는 매일 엄마와 대화해. 엄마는 나의 가장 친한 친구야. 나에게는 엄마가 필요해. 엄마를 정말 사랑해. 하지만 별다른 치료법이 없대. 얼마 살지 못하실 거야."

헌신적이고 강인한 신자인 그 친구는 자신이 새로운 갈림길에 서 있다는 것을 깨달았다.

또 다른 친구는 우연히 남편의 휴대전화에서 평소 품었던 의혹을 입증하는 뜻밖의 문자 메시지를 보게 되었다. 남편에게 다른 여자가 있었던 것이다. 남편의 외도라는 참을 수 없는 현실을 이해하려고 애쓰던 그 친구는 분노와 슬픔, 히스테리로 휘청댔다. 그 친구의 인생에 일어나서는 안 되는 일이었다. 그녀는 가족과 믿음과 미래를 앗아가겠다고 위협하는 혼란의 중심부로 떠밀려갔다.

아무리 노력해도 인생은 결코 계획한 대로 돌아가지 않을 것이다. 우리는 인생의 정확한 치수를 재지 못한다. 인생이 언제나 질서 정연하고 완벽한 것은 아니다. 계획은 필요하다. 그러나 계획에는 사람들이 관련되어 있기 때문에 언제나 변하기 쉽다. 인생은 불확실한 여정이고 우리는 그 길의 다양한 구간에서 선택을 요구하는 갈림길에 이를 것이다. 어떤 길에는 '맡김'(Surrender)이라는 표시가 있고 어떤 길에는 '소용돌이'(Swirl)라는 표시가 되어 있다. 이것은 그저 눈으로 보기 위한 길이 아니다. 인생의 폭풍이 들이닥치고 나서 실제로 따라가게 되는 두 가지 길이다.

어쩌면 당신은 폭풍의 기세 때문에 혼란의 가장자리로 미끄러지고 있는지도 모른다. 꼭 붙잡고 있던 세상을 놓칠 것처럼 느껴질 때 겁이 날 수밖에 없다. 어쩌면 지푸라기를 잡고 미친 듯이 벼랑을 기어오르는 중일지도 모른다. 힘이 다 빠져서 손을 놓기 직전일지도 모른다.

그러나 그런 곳에서도 비틀거리지 않고 똑바로 걷는 법을 발견하도록 하자. 우리에게는 이 결정의 골짜기를 잘 지나갈 수 있도록 우리를 이끌어서 평지로 인도하시는 안내자가 계신다. 그분은 우리에게 지금 당장 걸음을 멈추고 마음의 내용물들을 전부 꺼내놓으라고 요구하신다. 그리고 우리가 생존을 위해서 챙긴 내용물들을 천천히 검사하도록 도와주시고 짐을 가볍게 하는 법도 가르치신다. 우리는 폭풍 가운데 있을 때 하나님의 돌보심과 목적에 우리를 맡기기로 결단해야 한다. 그렇지 않으면 폭풍의 고통을 스스로 피하기 위해 애쓰게 되고, 어쩌면 그렇게 몇 년간 소용돌이에 빠질지도 모른다.

나는 '맡김'(surrender)을 피하려는 성향을 지녔다. 나는 이 사실을 누구보다 먼저 인정하려고 한다. 그 단어가 '허약함'(weakness)이라는 의미로 느껴지기 때문이다. 나처럼 '맡김'이라는 단어가 문제 해결을 위한 노력을 중단하거나 특정한 상황에 대해 아무 노력도 하지 않는 상태를 뜻한다고 생각하는가? 우리는 그 단어를 매우 중요한 무언가를 포기하고, 반드시 가져야 한다고 믿는 무언가를 내려놓겠다는 표시라고 간주할지도 모른다(하나님께서는 우리 마음에 들지 않는 희생을 요구하실 것이다). 우리는 건강, 충실한 배우자, 가족을 가질 기회를 꿈꾸며 합당한 소망을 갖는다(이런 일들은 우리에게 일어나지 않을지도 모른다).

'맡김'이라는 단어를 생각하면 마치 링 안으로 수건을 던지거나, 패배해서 나가떨어지거나, 혹은 실패를 인정한다는 느낌이 든다. 그 단어는 목적한 바를 이루지 못할 것이라는 메시지를 전달한다. 이 단어에 대해 오해하는 사람들이 있기 때문에 좀 더 자세히 말하고 싶지만, 지금은 더 중요한 결정을 내려야 한다.

"나는 '맡기는 삶'을 직접 알아보기 원하는가? 맡기는 것이 더 좋은 길일까?"

마음을 불안하게 하는 소용돌이의 기세를 생각할 때 '틸트 어 훨'(Tilt-a-Whirl)이라는 놀이기구를 탔을 때가 떠오른다. 이것은 원형으로 된 큰 발판 가장자리에 커피 잔 모양의 기구들이 설치되어 있고 사람들이 그 안에 있는 의자에 타는 놀이기구이다. 큰 발판이 빙글빙글 몇 바퀴 회전하면 놀이기구가 비스듬히 기울고 커피 잔 모양의 기구들까지 점점 더 빠르게 돌기 시작한다. 그러면 놀이기구에 탄 사람들까지 그 위에서 빙빙 돌게 되는데 높아졌다가 낮아지고 앞으로 갔다가 뒤로 간다. 나는 이 놀이기구 타는 것을 싫어한다. 한 곳에 시선을 고정할 수 없고 안정된 지표면을 찾기도 불가능하기 때문이다.

끊임없는 소용돌이 속에 머물러 빙글빙글 도는 예측할 수 없는 혼란 가운데서 계속 살아가는 삶은 파괴적이고 위험하다. 그런 삶에는 4분간 놀이기구를 탄 뒤 멀미를 하는 것보다 훨씬 더 많은 것이 걸려 있다. 이런 삶을 살 때 우리는 내적 평화를 향한 깊은 갈망 때문에 효과도 없는 대처 기술까지 궁리하려는 위험을 무릅쓴다. 많은 사람들이 인생의 폭풍을 만날 때 그 소용돌이 안으로 들어가 요동치는 길을 걷는 선택을 한다. 도대체 왜 그럴까?

우리를 혼란스럽게 만드는 내면의 회오리는 많은 사람들을 움직이도록 이끈다. 우리는 우리가 계속 움직이기만 하면 폭풍의 힘을 피해볼 기회가 있다고 느낀다. 또 올바른 조치를 취하면 불시에 날아오는 것 같은 인생의 주먹도 피할 수 있을 것처럼 생각한다.

"민첩하게 행동하고, 조심하고, 열심히 싸우면 이길 수 있어."

정상적인 반응이다. 그러나 겉으로 보기에 좋아 보이고 유익하게 보일지 몰라도, 실상은 우리를 훨씬 더 깊은 절망과 파괴의 구덩이에 빠트리기도 한다. 이것은 결국 좌절할 수밖에 없는 움직임의 소용돌이에 휩쓸리는 삶을 낳는다. 이런 잘못된 선택을 분별해야 좌절의 소용돌이에 휩쓸리는 상황을 피할 수 있다.

우리는 보통 '감정적 냄비'(emotional pot, 다양한 감정이 담긴 공간을 의미한다)를 온통 휘젓는 몇 가지 선택을 한다.

- 비난 게임
- 부정하기

- 수리하는 사람인 척하기
- "왜 나야?"라고 묻기

비난 게임

한국에서 수학여행 가는 고등학생들을 가득 태운 여객선이 전복되었다는 참담한 뉴스를 보았다. 수백 명의 고등학생들이 바다에 빠져 목숨을 잃었고, 괴로워하던 부모들은 승무원들과 해운 회사의 태만과 기만을 알고 분노하며 정신을 잃었다. 한국 당국은 관계자들을 체포하고 형사 기소했다. 물론 책임자들은 마땅히 처벌받아야 한다. 분명히 당국은 책임자들을 상대로 소송을 제기하고 유가족들에게 금전적 보상을 할 것이다. 이 모든 일들이 법적으로 정당하고 공정하다.

비난하고 정의를 외치면 공포와 고통이 일시적으로 완화된다. 그러나 법정에서 아무리 비난해도 자식을 잃은 부모는 완전한 평화와 치유를 얻지 못한다. 누군가에게 초점을 맞추고 비난하면 할수록, 고통과 분노와 원통함 가운데서 더 오랫동안 소용돌이치게 될 것이다.

우리는 비난 게임을 할 때 우리의 고통에 대한 책임을 다른 누군가에게 돌린다. 그러면 결코 고통스러워하지도, 상실을 받아들이기 위해 애쓰지 않아도 된다. 다른 어떤 곳에 주의를 돌릴 수 있는 한 개인적으로 겪는 폭풍을 혼란스럽게 드러내지 않아도 된다. 비난은 종종 기본적인 진실을 거부하는 태도와 실망스러운 마음에서 태어난다.

"나는 내 인생의 그림을 이런 식으로 그리지 않았어. 이 상황이 싫어. 이런 현실이 불쾌하고 만족스럽지 않아."

나 역시 비난 게임을 해본 적이 있다. 파괴된 마음에 집중된 고통을 덜어내기 위해 다른 누구에게, 심지어 하나님께 비난의 초점을 맞추기도 했다.

가장 오래되고 친숙한 이 비난 게임 이야기는 인류 역사의 시작에서도 찾아볼 수 있다. 에덴동산에서 아담과 하와는 금지된 열매를 먹으라는 유혹을 받았다.

"하나님이 참으로 너희에게 동산 모든 나무의 열매를 먹지 말라 하시더냐"(창 3:1).

뱀은 하나님에 대한 비난의 씨앗을 뿌렸고 하와는 이렇게 대답한다.

"동산 나무의 열매를 우리가 먹을 수 있으나 동산 중앙에 있는 나무의 열매는 하나님의 말씀에 너희는 먹지도 말고 '만지지도' 말라 너희가 죽을까 하노라 하셨느니라"(창 3:2,3).

여기서 두 가지를 생각해볼 수 있다. 첫째, 비난은 미묘한 암시에서 시작된다. 즉, 누군가가 당신을 더 힘들게 하려고 고의적으로 무언가를 했다는 암시에서 비난이 시작된다는 것이다.

사탄은 당신의 마음에 거짓말을 심는다.

"하나님이 나한테 이렇게 했어. 하나님은 나를 축복하지 않으시고 더 힘들게 해. 이 폭풍은 하나님의 잘못이야."

둘째, 비난은 전염된다. 하와가 하나님의 말씀에 어떻게 덧붙여 말하는지 주목하라. 창세기 2장 16,17절 말씀을 보면 하나님께서는 열매를 만지는 것에 대해서는 언급하지 않으셨다.

우리는 이렇게 결론을 짓는다.

"하나님의 기대가 너무 터무니없어. 하나님은 내 삶을 더 어렵게 하기를 원하셔."

비난은 손가락질과 핑계의 악순환을 부른다. 창세기 3장 12절에서 아담은 하나님께 아뢴다.

"하나님이 주셔서 나와 함께 있게 하신 여자 그가 그 나무 열매를 내게 주므로 내가 먹었나이다."

다시 말해 아담이 금지된 열매를 먹은 이유는, 하나님이 아담에게 여자를 주셨기 때문이고 결국 하나님의 잘못이라는 뜻이다.

"여호와 하나님이 여자에게 이르시되 네가 어찌하여 이렇게 하였느냐 여자가 이르되 뱀이 나를 꾀므로 내가 먹었나이다"(창 3:13).

하와는 사탄의 꼬임에 넘어갔고 그러면서 하와의 시각은 오염되었다. 다른 사람을 비난하고 싶은 욕구를 느끼는가? 그럴 때 자신에게 물어보아야 한다.

"내가 사탄의 꾀임에 넘어가서 오염되지는 않았는가? 내가 지금 누군가에게 손가락질을 하거나, 현재의 고통과 몸부림으로 나 자신을 비난하고 있지는 않은가?"

우리는 비난할 만한 원인을 정확히 찾았을 때 위로를 받고 해답을 찾았다고 믿는다.

"이 문제는 시댁 식구들 때문이야."

"남편은 항상 집에 없어. 가정이 엉망이 된 건 남편 잘못이야."

"내 아내는 가정보다 일에 더 관심이 많아."

"부모님이 그렇게 엄하시지 않았다면 결코 이런 일은 일어나지 않았어."

이런 비난은 영원히 지속되기도 한다. 장담하건대 비난 게임에서는 아무도 이기지 못한다.

최근에 한 부부를 만났다. 그들의 귀여운 딸아이가 조용히 엄마의 어깨에 기대어 있었다. 그런데 그 아이가 장애라고 했다. 아이는 정상으로 태어났지만 생후 5일째 발작을 일으켰고, 그로 인해 뇌에 심각한 손상을 입었다. 곧 다섯 번째 생일을 앞두고 있는 아이는 생후 5개월의 발달 상태를 보였다. 아이의 부모는 신실한 신자들이었다. 그러나 어린 딸의 예후(豫後)가 좋지 않아 상심하고 망연자실해 있었다. 아이의 엄마가 눈물을 흘리며 큰 소리로 질문을 쏟아 냈다.

"하나님께서 우리를 별로 좋아하지 않으시나요? 이것이 우리의 잘못인가요? 우리가 비난받아야 하나요? 하나님은 왜 우리에게 이렇게 하셨을까요?"

제임스가 죽은 뒤 나는 나 자신을 비난하려는 유혹을 받았다. 그동안 수없이 했던 많은 선택과 결정들을 떠올리며 질문을 했다.

사탄이 속삭였다.

"너는 더 좋은 엄마가 될 수도 있었어… 몇 가지 일에 대해 더 적극적으로 행동하면서 더 많이 요구해야 했어… 다르게 결정해야 했어… 아프리카에 가지 못하게 말려야 했어… 제임스가 하는 말만 듣고 있을 것이 아니라 직접 현지로 가서 제임스의 상황을 눈으로 확인해야 했어… 기도를 더 많이 했다면 이런 일은 일어나지 않았을 거야… 너 자신을 비난해. 네 남편을 비난해. 다른 사람들을 비난해. 하나님을 비난해. 그러면 이 찢어지는 아픔의 이유를 설명할 수 있어."

심지어 나는 하나님께 묻기도 했다.

"이것이 하나님의 보복입니까? 하나님은 그렇게 쩨쩨하신 분입니까? 아니면 제가 그렇게 나쁜 인간입니까?"

여기서 잠깐 멈추고 생각해보자. 당신이 당신 인생의 폭풍의 원인이라고 비난하는 사람이 있는가? 내가 그랬듯이 그 사람들의 이름을 적고, 당신이 귀담아 들었던 거짓말들을 말해보자. 그리고 그 고통의 원인을 말할 때 자신에게 질문해보자.

"나는 빙글빙글 도는 중인가, 아니면 평화로운가?"

인생의 폭풍을 만났을 때, 우리는 정의를 위해 소용돌이치는 상태에 이른다. 비난하는 것은 우리가 정의를 위해 애쓰는 방법 중 하나다. 우리는 모든 것들이 셈을 치러야 한다는 전제 아래 움직인다. 우리는 인생의 혼란스러움에 대해 설명할 수 있다고 생각한다. 반드시 누군가에게 잘못을 돌린다. 그러나 비난하면 할수록 상황은 더 혼란스럽고 복잡해진다.

부정하기

인생의 폭풍은 우리가 받아들이거나 이해하기 어려운 무언가를 여러 차례 드러낸다. 우리는 그 충격으로 자기도 모르게 멍해진다. 당연히 가장 먼저 폭풍 상황을 우리 힘으로 제어하지 못한다는 사실을 부정하는 반응을 보인다. 우리는 고통스럽고 압도적인 현실 앞에 "폭풍이 일어나는 일은 없어"라고 자기 자신에게 말한다. 마음으로 그렸던 미래가 일어나지 않을 거라면서 사실을 회피한다.

모든 시대를 통틀어 가장 유명한 부정의 말이 베드로의 입에서 나온다. 예수님은 예수님을 따르는 사람이라는 사실이 밝혀지면 위험해지고, 위협을 받고, 위태로워지기 때문에 제자들이 예수님을 버릴 것이라고 말씀하셨다. 예수님은 앞으로 무슨 일이 일어날지 알고 계셨다. 그리고 베드로에게 "오늘 밤 닭 울기 전에 네가 세 번 나를 부인하리라"(마 26:34)라고 말씀하셨다.

그러나 베드로는 단호하고도 순진하게 대답했다.

"내가 주와 함께 죽을지언정 주를 부인하지 않겠나이다"(마 26:35).

베드로에게는 예수님 없이 산다는 생각이 너무 고통스러웠다. 베드로는 이스라엘을 위한 약속의 성취를 이루신 랍비이자 친구이자 지도자인 예수님을 잃는 현실을 상상하지 못했다. 아마 베드로는 이렇게 생각했을 것이다.

'우리가 그렸던 모습과 현실은 너무 다르네요. 지금 우리를 두고 떠나시면 안 됩니다!'

부정하면 잠시 동안은 옆으로 한 발짝 비켜날 수 있다. 그러나 결국 진실을 마주해야 한다. 모든 제자들 중에서 예수님이 십자가에 달리시고 나서 심지어 부활하신 뒤에도 가장 비참했을 제자가 누구였을까? 바로 베드로였다. 베드로는 예수님을 부인했다는 수치심과 그 짐 때문에 진실을 마주하고 앞으로 나아가기가 어려웠다. 우리도 인생의 폭풍으로 빚어질 상실을 부정하면, 훗날 진실을 마주하고 앞으로 나아가기가 더 어렵다는 점을 깨달을 것이다.

최근에 어떤 친구가 나에게 말했다.

"결혼생활이 결코 내가 바라던 사랑의 관계가 되지 못한다는 사실을 거부했기 때문에 그동안 나를 위로하시고 완전하게 하시는 하나님의 돌보심과 자비마저 거부하고 있었던 거야."

부정은 포기해야 할 무언가가 있다는 점을 인정하기 거부한다. "모든 것이 좋아"라고 선언한다. 부정은 가짜로 꾸미는 게임이다. 너무나 압도적이고 변화시키기 어려워 보이는 상황에 대처하기 위한 한 가지 방법이다. 부정은 고통을 덜어내고 힘을 내는 일시적인 방법이 될지 모른다. 그러나 부정하게 되면 마음에 파편들이 계속 쌓여서 삶의 정경을 어질러 놓는다. 그렇다면 부정이 어떻게 하나님의 치유에 방해가 되는지 생각해보자. 하나님은 상한 마음을 다루시고 우리는 최고의 보살핌을 받기 원하기 때문이다.

수리하는 사람인 척하기

고통스러운 폭풍을 이겨내기 위한 매우 좋은 방법 중 하나는 해결사 역할, 즉 무엇이든지 수리하고 치료할 수 있는 전문가 역할을 시작하는 것이다. 오늘날의 문화는 문제를 해결하는 사람들을 열렬히 칭찬하고 그 독립과 임기응변 능력을 찬양한다. 그런 기술은 분명히 값지다. 그러나 폭풍으로 인한 인생의 항로를 바꾸지 않기 위해 그런 기술을 사용한다면 그것은 실제로 우리를 방해한다. 영적인 삶에서 우리는 문제의 해결을 위한 일차적인 원천이 아니다. 그런데도 우리는 무언가 잘못되었을 때 재빨리 대안을 찾고자 하는 충동을 느낀다.

어쩌면 당신은 성경에 나오는 사라에게 공감할지도 모른다. 사라는 하나님께서 자기 남편 아브람에게 약속하신 아들을 주시려면 자신의 도움이 필요하다고 결론지었다. 오랫동안 기다렸지만 하나님의 응답은 오지 않았다. 사라의 생물학적 시계가 똑딱거리는 중이거나 아예 멈춰버린 것 말고는 아무 일도 일어나지 않았다! 그래서 사라는 자기의 여종 하갈을 아브람에게 주었고 하갈은 잉태했다. 문제를 해결하고자 하는 사라의 욕구 때문에 아브람의 가정에 고통과 슬픔과 분열과 혼란이 일어난 것이다. 나중에는 이삭과 이스마엘에게서 나온 두 민족을 통해 세상에 고통과 슬픔과 분열과 혼란이 일어났다.

정직해지자. 우리는 하나님께서 우리의 도움 없이 일하실 수 있다는 진리를 믿지 않는다. 어쩌면 당신은 몇 해 동안 기도가 효험이 있다는 실제적인 증거를 목격해왔을지도 모른다. 또한 기다리고 있는 중일지도 모른다. 기다림은 지루하다. 기다리는 동안 우리는 하나님의 계획과 목적이 오직 하나님의 일정표를 따를 뿐, 우리의 이해에 구속받지 않는다는 진리를 망각하기 쉽다. 하나님께서는 우리가 돕지 않아도 하나님의 뜻과 일을 완벽하게 행하실 수 있다. 도리어 우리가 많이 노력할 때 실제로 더 많은 고통과 문제를 일으키지 않았는지 의심스럽다. 우리는 전화하고, 부탁하고, 뒤에서 영향력을 행사한다. 일의 결과와 현실을 달게 받아들이는 법을 배우기보다는, 우리의 꿈을 가로막거나 무능함을 폭로하겠다고 위협하는 모든 요인을 없애버리겠다고 종종 고집을 부린다.

인생길을 갈 때 우리가 마치 하나님처럼 행동한다면 우리는 결코 소용돌이보다 앞서가지 못한다. 하나님의 계획이 우리를 통해 꽃 피울 수 있도록 믿고 따르는 곳, 선물로 주시고 부르시는 곳에 거할 때 거기서 비롯되는 평화와 기쁨을 얻지 못한다. 우리는 인생을 책임지기에 충분할 만큼 크지도, 똑똑하지도, 강하지도, 지혜롭지도 않다. 인정하기 어렵겠지만, 우리는 폭풍 이후 엉망이 된 상태를 깨끗이 청소하는 데 필요한 자원과 물자조차 갖고 있지 않다. 우리는 이런 무력감 때문에 종종 끝없는 소용돌이에 빠져든다. 그러나 하나님은 우리를 고치는 방법을 아시는 분이다. 이 말은 정확히 맞다. 하나님이 우리의 창조주이시기 때문이다.

"왜 나야?"라고 묻기

'왜?'를 알려고 하는 이 누그러지지 않는 욕구는 우리를 소용돌이에 빠트리게 하고, 하나님께 맡겨드리지 못하게 하는 엄청난 장애물이다. 당신은 충격적인 소식을 듣고 한 방 얻어맞은 누군가와 얼마나 함께 있어 보았는가? 혹은 그런 사람을 돕기 위한 집회에 얼마나 참석해보았는가? 이때 공통적인 질문 하나가 튀어나온다.

"왜?"

딱 한 글자밖에 되지 않는 짧은 단어다. 그러나 이 단어는 우리의 치유를 보류하고, 우리를 불확실성과 긴장의 끝없는 소용돌이에 가두는 힘을 가졌다. 자신에게 왜 이런 일이 있는지 이유를 알기만 하면 만족할 것 같고, 마치 폭풍에서 벗어난 것처럼 느껴질 것 같은가? 하지만 그것은 거짓말이다.

'왜?'라는 질문은 우리 삶에 바큇자국을 내고, 우리가 정서적, 영적으로 꼼짝 못하고 쉽게 갇히도록 만든다. 우리 마음의 바퀴는 제자리에서 계속 돈다. 폭풍 때문에 생긴 상처로 바큇자국은 더 깊어지고, 우리의 삶은 붕괴되어 진창에 빠져든다. 논쟁하고, 묻고, 불평하고, 폭풍이 몰고 온 상황의 이유와 싸우면서 헤아릴 수 없이 많은 시간을 보낸다. 의사, 변호사, 상담 전문가, 심리 치료사에게 조언을 구한다. 왜 그런 일이 일어났는지, 그 상황을 변화시키거나 바로잡기 위해 무엇을 할 수 있는지 그 답을 얻기 위해 오랜 시간과 많은 돈을 쓴다.

어쩌면 당신은 다음과 같이 자문했을지도 모른다.

"왜 나는 아기를 갖지 못할까?"

"왜 내 남편이 병들어 죽었을까?"

"왜 나는 만성적인 질병을 안고 살아야 할까?"

"왜 나는 이상적인 배우자를 만나지 못할까?"

"왜 비가 와서 나의 주말 계획을 망쳤을까?"

"왜 이런 일이, 왜 지금, 왜 나에게 일어났을까?"

이런 몇 가지 질문에 대한 대답을 안다고 해서 정말 만족하고, 실망에서 벗어날 수 있을까? 오히려 부당한 대접을 받았다는 느낌을 확인하기 위해 그 상황에 대해서 계속 말하지 않을까?

샛길과 선택

비난하기, 부정하기, 수리하기, 이유 묻기 등 우리가 논의했던 길들 중에 당신이 몇 가지의 길을 걷고 있는지 식별하는 작업이 가능하다. 우리는 대부분 인생의 어느 시점엔가 이런 방법들에 기댄 적이 있고, 인생의 폭풍보다 앞서가기를 바라는 마음에서 소용돌이 속으로 들어갔다.

그러나 이제는 우리가 어디에 꼼짝없이 갇혀 있는지 알아보아야 한다. 스스로에게 정직하라고 도전하고 싶다. 당신의 마음에 숨겨진 곳들을 보여달라고 구하라. 하나님께서는 소용돌이치는 삶에서 당신을 자유롭게 해방시켜주기 원하신다.

다음 빈 칸을 채운 다음 고백의 진술을 따라서 고백해보라.

1. 당신의 삶을 의도적으로 힘들게 만들었다고 생각되는 사람(사람들)의 이름을 적어라. ....
   고백의 진술 : "나는 인생의 폭풍을 하나님께 맡기지 않으려고 비난을 사용하고 있다."

2. 진실 회피하기 + 고통 옆으로 한 발짝 비켜나기 = 부정
   나는 .... 진실을 회피하는 중이며 .... 고통을 옆으로 한 발짝 비켜나서 피하는 중이다.
   고백의 진술 : "나는 인생의 폭풍을 하나님께 맡기지 않으려고 부정을 사용하는 중이다."

3. 인생의 폭풍을 해결하려고 시도했던 조치들을 나열해보라.
   ....
   고백의 진술 : "나는 인생의 폭풍을 하나님께 맡기지 않으려고 직접 폭풍을 해결하려고 애쓰는 중이다."

4. 내 마음과 생각을 가장 많이 빼앗는 것처럼 보이는 '왜'는 ....

.... 이다.

고백의 진술 : "나는 하나님께 맡기는 삶에 집중하지 않으려고 '왜?'라고 묻고 있는 중이다."

사실 네 번째로 논의한 "'왜 나야?'라고 묻기"는 하나님께 나의 폭풍을 맡기려는 의욕조차 잃게 만들 만큼 매우 강력한 조치이다. 따라서 다음 장에서는 그 점에 대해 함께 나눠보려고 한다. 이 질문이 폭풍 이후에 우리가 살아갈 삶을 빼앗기지 않는 법을 발견할 수 있도록 도울 것이다.

하나님과 함께 걷는 발걸음 Your steps with God

이 책을 읽고 기도하면서 자신에게 다음과 같이 묻기 바란다.

- 나는 평화를 갖고 있는가?
- 나의 대인관계는 튼튼한가?
- 나는 미래에 대한 희망을 갖고 있는가?
- 내 믿음은 성장하는 중인가?

친구여, 소용돌이는 끝도 없고 출구도 없다는 것을 기억하라. 소용돌이는 치유로 나아가지 못하게 하는 끝없는 광란증 상태이다. 이 소용돌이에서 빠져나오는 유일한 길은 원래 갈림길의 자리로 돌아가 하나님께 맡기기로 선택하는 방법뿐이다.

Chapter 6

"왜?"라는 질문 ;
고뇌의 짐마저 못 박아라

2010년 12월 31일은 내 인생에서 가장 깊고 어두웠던 한 해의 마지막 날이다. 송년을 축하하는 폭죽 소리와 라디오에서 〈올드 랭 사인〉(Auld Lang Syne)의 선율이 흘러나왔지만 내 마음의 욱신거리는 아픔은 조금도 덜어주지 못했다. 현실과 나 사이에 얇은 베일이 가려져 있기라도 한 듯 모든 것들이 이상하게 멀게만 느껴졌다. 새해를 기대하며 달력을 넘길 때 느껴지는 시간의 흐름도, 나와 내 가족에게는 고통스러울 만큼 느리게 가는 것 같았다.

저녁 식탁에 둘러앉은 가족들은 미래를 생각하고, 앞을 바라보고, 미래를 기대하려고 애썼다. 믿음의 말들을 주고받았으며 심지어 슬픔 가운데 있지만 하나님께서 계획을 가지고 계시며 신뢰해도 좋은 분이라는 진리를 떠올렸다. 그리고 우리의 감정을 이 진리에 복종시키려고 힘썼다. 그 진리가 바로 우리가 믿는 진리이며 하나님에 대해 아는 진리이기 때문이다.

그때 뭔가 의문이 들었는지 딸아이가 용기를 내어 떨리는 목소리로 이렇게 말했다.

"제 말에 모두 공감하실 거예요. 하나님은 우리에게 아무것도 빚지지 않으셨어요. 그런데 왜 우리 가족에게 아빠에게 이런 일이 일어나게 내버려두셨을까요?"

가족들을 사랑하는 딸아이의 마음이 아픈 곳을 찔렀다. 나는 딸아이를 안아 아기를 안 듯 무릎에 앉히고 싶었다. 그리고 그 아이도 나 자신도 달래주고 싶었다.

그제야 나는 깨지기 쉬운 내 믿음에 금이 갔다는 사실을 확인할 수 있었다. 어쩌면 딸아이처럼 그런 질문을 하고, 받아들이고, 그 질문에 대해 이야기하고, 그 질문이 열어놓겠다고 위협하는 문에 접근하기에 아직 너무 이를지 모른다. 그러나 딸의 그 질문은, 우리 식구들이 자신과 서로를 지키고 보호할 방법을 찾으려고 애쓰면서 마음에 품었던 '왜?'라는 수많은 질문 중에 하나를 나타낸다는 사실을 인정할 수밖에 없었다.

나도 마음속 깊은 곳에 질문들을 가지고 있었다. 어떤 질문은 제임스가 죽은 직후에 내 의식 속에 들어왔고, 또 어떤 질문은 제임스의 죽음이 일으킨 상황을 받아들이거나 가족들과의 귀한 추억을 떠올리기에 충분할 정도로 내 정신이 맑아졌을 때 거품처럼 솟아올랐다. 그러나 질문이 얼마나 많이 떠올랐든지 간에 일단 질문이 떠오르면 정면으로 마주해 처리하든지, 아니면 고통을 회피하든지 둘 중에 한 가지를 결정해야 했다.

- 왜 제임스가 죽어야 했을까?
- 왜 제임스는 병원에 가지 않았을까?
- 왜 하나님께서 우리 외아들을 데려가셨을까?
- 왜 우리는 제임스가 아프리카로 가게 내버려두었을까?
- 왜 하나님께서 그런 식으로 기도에 응답하셨을까?
- 왜 하나님께서 이런 일이 일어나게 내버려두셨을까?

처음에는 이성이 슬픔이라는 압도적인 감정을 차단한다. 우리의 질문이란 우리 힘으로 바꾸지 못한 무언가를 받아들이기 위해 길을 닦는 시도이다. 우리는 그런 질문 중에 한 가지라도 대답을 얻으면 슬픔 속에서 무언가를 붙잡으려고 하고, 결과 또는 환경을 변화시킬 수 있는 길을 발견할지도 모른다고 믿는다.

또 그 질문은 다음과 같은 것을 이끌려고 시도한다.

- 무질서에서 질서를
- 혼란에서 명확성을
- 비합리적인 생각에서 합리적인 생각을
- 위법 행위에서 정의를
- 부정적인 태도에서 긍정적인 태도를

'왜?'는 우리의 마음과 생각을 조화롭게 하기 위해 우리의 의심과 고통과 상실을 모두 토로한다. 위로나 해결받지 못할 거라는 생각이 들 때조차 내면에서는 이해하고 싶다고 소리친다.

"어떻게 이런 일이 있을 수 있어? 어떻게 인생이 이럴 수 있어?"

인생의 위기 상황이나 폭풍 가운데서 이러한 '왜?'의 상태를 경험해보았는가? 내면에서 질문들이 차곡차곡 쌓이는 것 같고 감정의 둑이 언제라도 무너질 것처럼 느껴진다면, 이제 당신은 '왜?'라는 개인적인 질문을 말로 표현해야 할 때가 되었는지도 모른다. 나는 이 질문을 하는 데 용기가 필요하다는 것을 알고 있다. 무시당하거나 오해받을 수 있는 위험을 무릅써야 하기 때문이다. 어떤 사람들은 '왜?'라는 질문을 성숙하지 못하다거나 오만한 태도의 증거로 인식하기도 한다. 또 어떤 사람들은 그 질문을 자기연민이나 하나님을 신뢰하지 않는 누군가의 외침으로 간주할지도 모른다. 그러나 '왜?' 라고 묻는 질문은 '맡김'을 향해 나아가는 데 필요한 단계이다.

우리는 우리에게 혹은 우리가 사랑하는 사람에게 어째서 그 일이 일어났는지 알기를 갈망한다. 이해할 수 있는 현상이다. 그 '왜?'의 이면에는 인생의 폭풍 때문에 생긴 상실에 상응하는 가치를 간접적으로 지니거나, 그 상실을 감수하면서 계속 살아갈 만한 가치를 지닌 인생에 대한 더 큰 그림과 설명 혹은 결과를 누군가 보여주기 원하는 깊은 갈망이 있다.

나의 '왜?'라는 질문 역시 깊은 실망과 슬픔에서 비롯되었다. 제임스의 죽음은, 기도하면서 인생을 변화시키는 하나님의 능력을 믿었을 때 내 인생에 펼쳐질 거라고 기대했던 방식이 아니었다. 나는 하나님께서 내 기도를 거부하셨는지, 제임스의 죽음이 내 실수와 죄에 대한 하나님의 징벌인지 궁금했다. 나는 결코 하나님께 화내지 않았다. 그러나 엄마로서 혹은 하나님의 자녀로서 내 잘못이 제임스의 죽음의 원인이 되었는지 알고 싶었다.

내면의 깊은 질문을 억제하는 것도, 주위에서 사랑하는 친지들이 나름대로 의심을 표현할 때 그것을 경청하는 것도 매우 어렵다. 그러나 생각과 의견의 범위가 더 넓어지면서 다른 사람들의 질문이나 설명까지 고려해야 하는 일이 어쩌면 그보다 훨씬 더 고통스러울지도 모른다.

하나님이 제임스의 죽음을 통해 우리 가족의 삶 가운데 행하시는 일들에 관하여, 친구들과 낯선 사람들이 의견을 제시하려고 애쓸 때 나는 견딜 수가 없었다. 아들의 죽음은 정말 나의 개인적인 문제였고 사람들에게는 너무나 생소한 사건이었다. 그렇기 때문에 나는 다른 사람들의 의견과 해설, 판단, 심지어 위로하고자 하는 좋은 시도로부터 나의 느낌을(그리고 제임스에 대한 추억을) 지켜야 할 필요가 있다는 것을 강렬하게 느꼈다.

처음에는 다른 사람들이 내놓는 의견들 때문에 정신이 산만해져서 나의 질문에 대한 하나님의 대답을 듣지 못할까 봐 우려하기도 했다. 나는 하나님의 세미한 음성을 듣기 위해 한 번에 한 발짝씩 발을 떼면서 몹시 긴장해 있었다. 아들을 잃은 채 하나님을 신뢰하고자 하는 나의 깊은 갈망을 빼앗는 누구라도 혹은 무엇이라도, 나는 잡으면 안 되었다.

하나님은 계신가? 돌보시는가?

우리는 마음이 무너지고 실망과 고통, 상실에 짓눌릴 때 가장 먼저 하나님께서 우리의 슬픔을 아시는지, 우리를 보살피시는지 의심하는 함정에 빠진다. 나는 시편 139편을 좋아한다. 하나님께서 우리를 얼마나 잘 아시고 얼마나 깊이 보살피시는지 일깨워주기 때문이다.

> 여호와여 주께서 나를 살펴보셨으므로 나를 아시나이다 주께서 내
> 가 앉고 일어섬을 아시고 멀리서도 나의 생각을 밝히 아시오며 나의
> 모든 길과 내가 눕는 것을 살펴보셨으므로 나의 모든 행위를 익히 아
> 시오니 여호와여 내 혀의 말을 알지 못하시는 것이 하나도 없으시니
> 이다 주께서 나의 앞뒤를 둘러싸시고 내게 안수하셨나이다 이 지식이
> 내게 너무 기이하니 높아서 내가 능히 미치지 못하나이다 시 139:1-6

하나님께서는 우리를 정말 잘 아시기 때문에 우리의 모든 움직임
을 알고 계신다. 또한 우리의 모든 질문과 생각, 심지어 이면의 동기
까지도 알고 계신다. 따라서 두려움과 의심을 숨기는 척하거나 숨
기려고 애쓰는 행위는 무의미하다. 하나님께서 이미 다 알고 계시기
때문이다. 누군가 정말로 나를 잘 알고 이해한다는 것을 깨달을 때
우리는 큰 안도감을 얻을 수 있다.

> 내가 주의 영을 떠나 어디로 가며 주의 앞에서 어디로 피하리이까 내
> 가 하늘에 올라갈지라도 거기 계시며 스올에 내 자리를 펼지라도 거
> 기 계시니이다 내가 새벽 날개를 치며 바다 끝에 가서 거주할지라도
> 거기서도 주의 손이 나를 인도하시며 주의 오른손이 나를 붙드시리이

다 내가 혹시 말하기를 흑암이 반드시 나를 덮고 나를 두른 빛은 밤이 되리라 할지라도 주에게서는 흑암이 숨기지 못하며 밤이 낮과 같이 비추이나니 주에게는 흑암과 빛이 같음이니이다 주께서 내 내장을 지으시며 나의 모태에서 나를 만드셨나이다 내가 주께 감사하옴은 나를 지으심이 심히 기묘하심이라 주께서 하시는 일이 기이함을 내 영혼이 잘 아나이다 내가 은밀한 데서 지음을 받고 땅의 깊은 곳에서 기이하게 지음을 받은 때에 나의 형체가 주의 앞에 숨겨지지 못하였나이다 시 139:7-15

여기서 시편 기자는 우리가 어디에 가든지, 아무리 높거나 아무리 낮은 곳에 가더라도 하나님이 거기 계신다고 일깨운다.

내 형질이 이루어지기 전에 주의 눈이 보셨으며 '나를 위하여' 정한 날이 하루도 되기 전에 주의 책에 다 기록이 되었나이다 시 139:16

하나님께서는 우리 각 사람을 위한 계획을 미리 정하셨고 우리 삶에서 하나님의 목적을 이루실 것이다. 이해하기 어려울지도 모르지만, 당신의 삶에서 현재의 위기 상황은 무의미하지도 무익하지도 않다. '왜?'라는 질문을 하나님께 가져가도 된다. 그분은 그 질문을 어떻게 사용할지 아시며 그 질문과 더불어서 다른 모든 부분을 가지고 무엇을 할지도 알고 계시기 때문이다.

하나님이여 주의 생각이 내게 어찌 그리 보배로우신지요 그 수가 어찌
그리 많은지요 내가 세려고 할지라도 그 수가 모래보다 많도소이다
내가 깰 때에도 여전히 주와 함께 있나이다 시 139:17,18

이것을 잊지 말기 바란다. 하나님께서는 한시도 당신을 잊지 않
으신다.

하나님이여 주께서 반드시 악인을 죽이시리이다 피 흘리기를 즐기는
자들아 나를 떠날지어다 그들이 주를 대하여 악하게 말하며 주의 원
수들이 주의 이름으로 헛되이 맹세하나이다 여호와여 내가 주를 미워
하는 자들을 미워하지 아니하오며 주를 치러 일어나는 자들을 미워
하지 아니하나이까 내가 그들을 심히 미워하니 그들은 나의 원수들
이니이다 시 139:19-22

하나님의 말씀을 반대하고, 거부하고, 거절하면 우리 자신을 하
나님의 원수로 만들게 된다. 시편 139편 19절부터 22절까지의 말
씀은 하나님께서 태만하거나 무관심하다고 비난하는 행위에 대한
강력한 경고이다.

하나님이여 나를 살피사 내 마음을 아시며 나를 시험하사 내 뜻을 아옵소서 내게 무슨 악한 행위가 있나 보시고 나를 영원한 길로 인도하소서 시 139:23,24

시편 기자의 이 겸손한 간청은 우리 마음속 깊이 살펴달라고 하나님을 맞이하는 행위의 본보기이다. 우리의 마음속에 상처나 분노를 품고 있는지 가르쳐달라고 하나님께 구하자. 그리고 우리를 이 어둡고 힘든 곳에서 인도해내시는 그분을 믿고 따라가자.

하나님께 가는 방법

친구나 의사, 상담 전문가나 지침을 구할 만한 다른 어떤 사람과 이야기할 예정이라면 어떻게 하는가?

- 시간을 정한다.
- 간다.
- 관심사에 대해 말한다.
- 경청한다.
- 의견과 제안을 고려한다.
- 성과나 결과를 기다린다.

• 다시 만날 계획을 세운다.

하나님께 나아갈 때도 똑같이 의도적인 단계를 밟을 수 있다.

첫째, 시간을 정하고 가라.

"아침에 나로 하여금 주의 인자한 말씀을 듣게 하소서 내가 주를 의뢰함이니이다 내가 다닐 길을 알게 하소서 내가 내 영혼을 주께 드림이니이다"(시 143:8).

둘째, 관심사에 대해서 말하라.

"내가 소리 내어 여호와께 부르짖으며 소리 내어 여호와께 간구하는도다 내가 내 원통함을 그의 앞에 토로하며 내 우환을 그의 앞에 진술하는도다"(시 142:1,2).

셋째, 경청하고 고려하라.

"여호와여 내 기도를 들으시며 내 간구에 귀를 기울이시고 주의 진실과 의로 내게 응답하소서"(시 143:1).

넷째, 기다리고 계획하라.

"하나님은 나의 요새이시니 그의 힘으로 말미암아 내가 주를 바라리이다"(시 59:9).

지금은 하나님 앞에 나아가, 우리에게 직접 말씀하시는 주님의 음성에 귀 기울이고, 하나님의 진리를 따라 행동하는 습관을 키워나갈 때이다.

나는 종종 하나님의 위로를 받기 위해 성경에 손을 뻗곤 했다. 나는 내 마음을 하나님 앞에 숨김없이 털어놓았고, 그때마다 하나님의 말씀은 내 영에 친절하고 온유하게 말씀하셨다. 어느 날 "감추어진 일은 우리 하나님 여호와께 속하였거니와 나타난 일은 영원히 우리와 우리 자손에게 속하였나니"(신 29:29)라는 말씀을 읽었다.

그리고 그날 일기에 다음과 같이 적었다.

"하나님의 길을 계속 비밀로 해두는 것은 전능하신 하나님의 특권이다. '왜?'라는 질문이 머리에서 떠나지 않고 믿음을 빼앗아가겠다고 위협할 때 '여호와의 친밀하심이 그를 경외하는 자들에게 있음이여 그의 언약을 그들에게 보이시리로다'[시 25:14, NKJV 영어성경에는 '친밀하심'이 '비밀'(secret)이라고 되어 있다 - 역자 주]라는 말씀을 기억해야겠다."

지금 "나는 왜 인생의 폭풍을 겪는 중인가?"라는 질문과 의심으로 고심하는 중인가? 그렇다면 그 질문을 계속해서 하나님께 가져가라고 격려하고 싶다. 하나님께서 들어 쓰신 많은 사람들도(욥, 다윗, 다른 많은 사람들이) 하나님께 '왜?'라는 질문을 했다는 사실을 알면 위로가 될 것이다. 하나님이 우리의 궁극적인 응답이시다. 따라서 나는 하나님께서 상심한 사람들의 솔직한 질문을 기쁘게 받으신다고 믿는다. 우리가 하나님을 더 알아갈수록 하나님이 우리에게 대답하지 않기로 결정하신다고 해도 나는 더 신뢰할 수 있다. 왜

냐하면 하나님께서는 하나님의 영광과 나의 유익을 위해서 그렇게 하신다고 굳게 믿기 때문이다.

이 사실을 알면 깜짝 놀랄지도 모르지만, 예수님께서도 모든 인간의 죄를 대신해 고통과 아픔을 참으면서 '왜?'라고 물으셨다. 마태복음 27장은 사람들이 십자가에 달리신 그리스도를 보면서 나누었던 대화를 자세히 기술하고 있다. 로마 병사들과 구경꾼들, 강도들과 예수님을 따르던 몇몇 사람들이 예수님이 누구신지 계속 알아보려고 했고, 예수님을 모욕하고 비웃으면서 놀려댔다. 어둠이 땅을 덮고 하나님께서 그분을 외면하셨을 때 예수님이 크게 외쳐 말씀하셨다.

"나의 하나님, 나의 하나님, '어찌하여'(why) 나를 버리셨나이까"(마 27:46).

성경은 아무 대답도 기록하지 않는다. 그리스도의 완벽한 생명이 세상의 죄를 속죄하는 순간, 하나님께서는 침묵하셨다. "예수께서 다시 크게 소리 지르시고 영혼이 떠나시니라"[마 27:50, NKJV 영어성경에는 '영혼이 떠나시니라'가 '자기의 영혼을 단념했다'(yielded up His spirit)고 되어 있다. - 역자 주].

예수님은 단념하셨다. 그리고 하나님의 계획과 목적에 맡기셨다. 그 순간 '왜?'는 죽었다. 여기에서 나는 귀한 교훈을 배웠다. 그리고 이것을 나의 의심의 위기 상황에 적용했다. 의도적으로 하나님께 맡기기로 결심하기 전까지, '왜?'라는 질문은 올무가 되어 언제나 우리의 믿음을 계속 가둬놓을 것이다. 그렇기 때문에 우리는 '왜?'를 십자가에 영원히 못 박아야 한다고 결심해야 한다.

우리는 질문에 대한 답을 얻으면, 마땅히 가져야만 하는 지식을 가질 거라고 믿고 싶어 한다. 우리는 인생의 어려움과 투쟁에 대한 설명을 듣기 원한다. 물론 지식은 인생의 많은 일들에 영향을 미칠 뿐만 아니라 그것을 바꾸는 힘이다. 그러나 영적인 영역에서는 '맡김'이 힘이다. 하나님의 길은 우리의 길보다 높으며 하나님의 생각은 우리의 생각보다 높다. 하나님께서는 하나님의 뜻과 길을 우리에게 설명하실 책임이 없다.

'왜?'를 뚫고 지나가기

아픔, 고통, 실망, 깨진 꿈, 망친 계획이 당신의 많은 부분을 이루고 있다. 이런 짐들을 다른 사람들과 나누어 지고 가려면 당신의 마음의 소리 듣는 법을 배워야 한다. 잠언 14장 10절은 "마음의 고통은 자기가 알고 마음의 즐거움은 타인이 참여하지 못하느니라"라고 한다.

따라서 다음 단계를 고려해보기 바란다.

1. '왜?' 질문을 공책에 적어라. 느낌을 말로 표현하면 층층이 쌓인 껍질을 벗겨내서 가장 깊은 뿌리에 이르기에 매우 유익하다.

2. 당신의 구체적인 질문과 의심에 관련된 성경 말씀을 찾아라. 그 말씀들을 목록으로 작성해서 가까이 두고 참고하라.

3. 자신에게 물어라. "단도직입적인 대답이나 설명을 듣는다고 해서 내 환경이 변할까?" 하나님의 말씀이 당신의 질문보다 더 강하다는 사실을 알려달라고 구하며 기도하라.

4. 찬양을 들어라. 안쪽 대신 항상 위쪽을 바라보면 자신도 모르게 더 넓은 시야를 갖게 될 것이다.

5. 다른 누군가를 위해서 무언가를 하라. 다른 사람을 위한 작은 친절이나 관심을 기울이는 행위는 자신에게 사로잡히지 않고 다른 사람을 측은히 여기는 마음을 일깨운다.

당신의 '왜?'를 십자가에 못 박아라

이제 '왜?'를 영원히 죽일 것을 진지하게 고려해야 한다. '왜?'가 죽으면 믿음과 소망과 신뢰가 다시 살아난다. 당신이 '왜?'를 죽일 때, 십자가에 못 박힌 당신의 '왜?'를 통해 하나님이 부활의 능력을 입증하시게 된다. 예수님은 하나님께 맡기고, 영혼을 포기하고, 자신의 희생을 통해 하나님의 심판을 충분히 만족시킬 수 있다고 믿은 뒤에 비로소 죽음과 지옥과 무덤을 이기고 다시 살아나셨다.

요한복음 12장 24절에서 예수님은 다음과 같은 원칙을 가르치셨다.

"내가 진실로 진실로 너희에게 이르노니 한 알의 밀이 땅에 떨어져 죽지 아니하면 한 알 그대로 있고 죽으면 많은 열매를 맺느니라."

"왜 제임스가 죽어야 했습니까? 왜 제임스가 혼자여야만 했습니까?"라는 '왜?'를 단념했을 때 하나님께서는 내게 큰 위로와 평화를 주셨다. 그리고 하나님은 요한복음의 말씀으로 친절하고 온유하게 말씀하셨다.

"내가 진실로 진실로 너희에게 이르노니…."

나는 하나님께서 말씀하시는 소리를 영의 귀(spiritual ears)로 들었다.

"제임스의 갑작스러운 죽음은 내가 제임스의 인생을 통해서 일하려고 결정한 방식이다. 이것이 진실이다. 그래서 네가 영적인 열매를 기대해도 좋다는 거야."

남편과 내가 자식들이 세상의 성공 그 이상을 거두게 해달라고 기도했다고 한 말을 기억하는가? 다음 세대에 그리스도의 영향력을 미치게 해달라고 하나님께 구했다는 말이 생각나는가? 나는 '왜?'를 십자가에 못 박은 덕분에 지금 그 기도의 응답을 어렴풋이 보고 있다. 비록 그 응답은 내가 기도했을 때 그려보았던 방식과는 전혀 다르게 보이기도 하고, 남편과 내가 제임스에 대해 품었던 소망이나 꿈들과 전혀 비슷하지 않다. 그러나 하나님께서는 남편과 나에게 필요한 것을 주고 계신다. 바로 "이제 어떻게 해주시겠어요?"라고 묻는 믿음이다.

'왜?'를 십자가에 못 박는 곳으로 가는 여정이 순탄하거나 쉽다고 말할 수는 없다. 예수님께도 그 여정은 쉽지 않았다. 예수님을 따르는 사람들도 그 여정은 쉽지 않을 것이다. 때때로 다른 사람들은 우리가 의심과 두려움을 마음속 깊이 감춰두기를 원한다. 그러나 하나님께서는 그것을 원하지 않으신다. 그분은 듣는 귀와 이해하는 마음을 갖고 계신다. 하나님은 우리가 괜찮은 척하거나 고통스러운 과정을 겪지 않은 척하기를 원하지 않으신다. 이 모든 힘겨운 노력들이 우리에게 하나님이 필요하다는 진리를 깨우쳐준다.

사도 바울은 극도의 위협과 압력을 받으면서도 고린도교회에 다음과 같이 편지했다.

형제들아 우리가… 당한 환난을 너희가 모르기를 원하지 아니하노니 힘에 겹도록 심한 고난을 당하여 살 소망까지 끊어지고 우리는 우리 자신이 사형 선고를 받은 줄 알았으니 이는 우리로 자기를 의지하지 말고 오직 죽은 자를 다시 살리시는 하나님만 의지하게 하심이라…

큰 사망에서 우리를 건지셨고 또 건지실 것이며… 고후 1:8-10

만일 지금 절망에 압도되었다고 느낀다면, 당신의 짐을 다른 신자들과 나누어 질 수 있다는 사실을 아는 것이 중요하다. 이 말씀은 인생의 폭풍에 압도될 때 그리스도의 몸이 얼마나 중요한지 보여주는 실례이다. 비록 바울이 고린도교회 성도들에 자신의 마음과 두려움을 모두 드러냈지만, 그는 고린도교회 사람들이 궁극적 해답이 아니라는 진리를 알고 있었다. 바울은 위기 상황에서도 오직 하나님께 소망을 두었다. 하나님은 당신이 십자가에 못 박은 '왜?'를 취하여 죽은 것들 가운데서 새롭게 소생시키시고, 위기 속에서 당신을 건져내시는 유일한 분이다. 당신의 짐을 기꺼이 다른 사람들과 나누어 져라. 그리고 기꺼이 짐을 진 다른 누군가에게 다가가 그 사람의 짐을 나누어 지고 가라. 그런 삶이 '왜?'를 십자가에 못 박는 과정, 생명과 부활에 이르는 과정의 일부이다.

'왜?'에서 '이제 어떻게 해주시겠어요?'로 이동하기

예수님의 친한 친구였던 마리아와 마르다 자매와 나사로라는 형제를 잘 알고 있는가? 요한복음 11장에서는 위기 상황을 당한 한 가족의 모습을 자세히 보여준다. 나사로가 몹시 아팠기 때문에 누이들은 예수님께 와달라고 전갈을 보냈다. 그러나 예수님이 도착하기 전에 나사로는 죽고 말았다. 제정신이 아닌 누이들은 예수님이 이틀이나 늦게 오신 이유를 도무지 이해할 수 없었다.

마침내 예수님이 도착하셨을 때 마르다가 말했다.

"주께서 여기 계셨더라면 내 오라버니가 죽지 아니하였겠나이다"(요 11:21).

"왜 좀 더 빨리 오지 않으셨어요?"라고 해석해도 좋은 말이다. 마리아 역시 똑같이 말했다. 두 자매는 망연자실했다. 많은 친구들 또한 나사로의 죽음을 애도하며 거기에 있었다. 성경은 예수님이 그들의 깊은 슬픔을 보시고 "눈물을 흘리셨다"(요 11:35)라고 말한다. 예수님이 나사로의 무덤을 막은 돌을 치우라고 명하시자 마르다가 반대했다.

그러나 예수님은 마르다에게 말씀하셨다.

"내 말이 네가 믿으면 하나님의 영광을 보리라 하지 아니하였느냐"(요 11:40).

우리는 하나님께 '왜?'를 물을 때 "보여주시면 믿겠어요"라고 말한다. 그러나 예수님은 돌을 치우고, 나사로를 불러내고, 죽었던 나사로를 감싼 천을 풀어주시기 전에 말씀하셨다.

"네가 믿으면 하나님의 영광을 보리라."

친구여, 우리는 인생의 폭풍에 많은 것을 잃은 똑같은 처지에 있다. 예수님이 당신의 죽은 꿈과 부서진 소망을 살려내는 능력을 지 녔다고 믿는다면, 지금 이 어두운 환경에서도 하나님의 영광을 볼 수 있을 것이다. 믿겠다고 먼저 결심하면, 지금까지 바라거나 상상 했던 일보다 더 큰일을 행하시는 하나님을 볼 것이다. 믿으면 볼 것 이다.

제임스가 우리를 떠난 지도 4년이 넘었다. 우리 가족은 각자 개 별적으로 치유의 길을 계속 걷고 있다. "왜 하나님께서 우리 가족에 게 그리고 아빠에게 이런 일이 일어나게 내버려두셨을까요?"라고 질 문하며 힘들어했던 딸은 서서히 그 질문을 손에서 놓았고 대답을 들을 권리를 포기했다. 하나님께서는 자비로우시며 인자하시다. 하나님께서는 우리에게 시간을 주시고 우리를 자상하게 돌보신다. 우리가 '왜?'와 깊이 관련된 고통과 고뇌의 짐을 가져오기를 기다리 신다. 그 짐을 취하시고 못 박으시고 한번에 영원히 장사 지내시도 록 믿고 따르기를 기다리신다.

그리고 당신이 이렇게 말해주기를 기다리고 계신다.

"하나님, 왜 더 이상 제 생각을 사로잡지 않으시나요? '이제는 어 떻게 해주시겠어요?'라고 제가 묻고 있잖아요?"

"왜 나야?"라는 당신의 질문을 하나님께 맡기기 위해 아래 빈 칸에 적어보자. 그리고 하나님이 그 질문을 새로운 무언가로 만드시도록 십자가에 못 박아라.

....

....

....

이제 그 질문을 다시 적고 하나님께 질문하라.

"하나님, 이제는 어떻게 해주시겠어요?"

Chapter 7

그리 아니하실지라도;

맡김은 축복의 도화선이다

몇 해 전, 나는 몽골 외곽 지방의 십대 청소년들과 함께 일하기 위해 선교 여행에 참가했다. 그 목적 중에 하나는 우정을 쌓는 것이었기 때문에 우리는 하루 날을 잡아 미국인과 몽고인으로 편을 나누어 친선 경기를 했다. 승패를 확실하게 결정지을 마지막 도전 과제는 줄다리기였다. 사람들이 두 편으로 나뉘어 모여 있는데, 모두 그 상황을 진지하게 여긴다는 것을 눈빛에서 읽을 수 있었다. 상대 팀은 우리 팀이 나이도 많고 허약하다는 것을 아는 치열한 경쟁자들로 구성되어 있었다. 그러나 목표는 승리다. 패배는 없다.

긴 밧줄 양쪽으로 각 팀의 선수들이 전략적으로 포진했다. 마침내 심판이 호루라기를 불자 구경꾼들이 응원하기 시작했다.

"당겨! 당겨! 당겨!"

서로 잡아당기면서 밧줄이 믿기 어려울 만큼 팽팽해졌다. 끌려가기도 하고 당겨지기도 하는 격한 싸움이 벌어지는 동안 나 역시 밧줄을 꽉 붙잡으려고 애썼다. 손바닥이 까지고 열이 나면서 곧 힘도 빠졌다. 팔이 욱신욱신 쑤셨고 무릎이 꺾이고 발은 미끄러지기 시작했다. 우리 팀 선수들과 나는 젖 먹던 힘까지 다해서 버텼지만 악전고투 끝에 결국 상대편에게 굴복할 수밖에 없었다. 우리는 포기하고 항복했다.

하나님과의 줄다리기

견디기 힘든 폭풍이 휘몰아칠 때 우리는 대부분 하나님과 영적인 줄다리기를 시작한다. 부정적인 환경을 책임지기 위해, 일어난 일의 결과를 통제하기 위해 밧줄 한쪽에 서서 힘을 쓴다. 우리는 정신을 바짝 차리고 인생이 흘러가야 한다고 생각하는 방향으로 밧줄을 잡아당기고 싶어 한다. 하나님이 인생의 밧줄 반대편에 있는 보이지 않는 힘이며, 그분이 우리를 도저히 이해할 수 없는 방향으로 잡아당기신다고 생각한다.

그러나 영적인 게임 체인저(game changer, 어떤 일의 결과나 흐름의 판도를 바꿔놓는 중요 인물 또는 사건이나 사실)를 알려주겠다. 하나님과의 줄다리기는 없다. 하나님께서는 우리와 같은 쪽에 함께 계신다.

"그런즉 이 일에 대하여 우리가 무슨 말 하리요 만일 하나님이 우리를 위하시면 누가 우리를 대적하리요 자기 아들을 아끼지 아니하시고 우리 모든 사람을 위하여 내주신 이가 어찌 그 아들과 함께 모든 것을 우리에게 주시지 아니하겠느냐"(롬 8:31,32).

하나님께서는 우리를 위하신다. 그분은 우리의 인생과 악한 힘겨루기를 하시지 않는다. 우리를 휙 잡아당기거나 질질 끌고 가지 않으시며, 우리가 실패하고 패배했다고 느낄 때 기뻐하지도 않으실 것이다. 대신 우리가 밧줄을 잡은 손을 놓기를 인내하며 기다리고 계신다. 하나님께서는 인생의 폭풍을 힘겹게 뚫고 지나가는 우리를 열심히 편들어주고 싶어 하신다. 하나님께 맡긴다는 말은 포기한다는 뜻이 아니다. 영적인 맡김이란 우리의 생명선을 이미 승리하신 그분께 맡기는 것이다.

내 친구 린과 나는 많은 시간을 함께 보내며 힘든 싸움과 두려움을 나누었다. 우리는 깊은 골짜기들을 함께 지나갔고 하나님의 말씀을 바라보고 인내하며 지침을 얻을 수 있도록 서로 도와주었다. 유난히 마음이 어렵던 어느 날, 린은 골로새서 3장 15,16절을 상기시켜주었다.

"그리스도의 평강이 너희 마음을 주장하게 하라 너희는 평강을 위하여 한 몸으로 부르심을 받았나니 너희는 또한 감사하는 자가 되라 그리스도의 말씀이 너희 속에 풍성히 거하여."

린은 "그리스도의 평강이 너희 마음을 주장하게 하라"는 말씀의 '하라'(let)라는 단어에 열쇠가 있다고 일깨워주었다. 내가 지고 있던 짐과 걱정을 거리낌 없이 그리스도께 맡기면 나의 평화이신 그리스도께서 대신 떠맡아주신다는 것이다. 그렇게 할 때 나는 그리스도와 하나가 되고, 그리스도께서 나와 맞서는 것이 아니라 나를 위하신다는 진리를 깨달을 수 있었다. 이 진리는 감사의 이유가 되었다.

우리의 밧줄을 하나님께 넘겨드리면 하나님은 우리를 위해서 밧줄을 잡으신다. 우리의 짐이 하나님의 짐이며 우리의 걱정은 하나님의 손 안에 있다. 하나님께서는 우리가 알아야 할 지식을 계시하시고 가야 할 방향을 인도하신다. 나는 하나님께 결과를 맡기고, 나에게 가장 좋고 옳은 일을 행하신다는 것을 신뢰한다. 하나님께서는 나에게 필요한 물자와 방편들을 나 자신보다 훨씬 더 잘 알고 계시며, 그분의 선하시고 완벽하신 뜻을 내 인생 가운데 이루는 데 무엇이 필요할지 알고 계시기 때문이다.

맡기겠다는 선택은 의도적이다. 이것은 삶과 마음과 환경을 하나님께 넘겨드리는, 주님께 모든 통제권을 넘겨받으시도록 간청하는 고의적인 행위이다. 그런데 우리는 하나님의 도움을 구할 때 맡김이라는 협상 카드를 사용하고 싶어 하는 솔깃한 유혹을 받는다. 우리가 원하는 결과를 넌지시 말한 다음 잠시 하나님의 목적에 동의하는 삶을 살겠다고 제안한다.

'하나님, 이 상황에서 벗어나게 해주시면 이것을 하겠습니다.'

이렇게 생각한 적이 얼마나 많은가? 그러나 이것은 맡김이 아니며, 하나님의 힘과 사랑을 의뢰하여 자유를 체험하는 길은 더더욱 아니다. 진정성 없는 협상에 불과하다. 진정한 맡김은 하나님께서 우리의 주장이 아닌 하나님의 주장대로, 하나님이 되시도록 허락하는 것이다.

최근에 나는 밥 고프(Bob Goff)의 저서《사랑으로 변한다》(Love Does)를 읽었다. 변호사인 저자는 의뢰인들의 증언을 녹음하려고 면담할 때, 의뢰인들에게 어떤 행동을 요청한다. 그는 의뢰인들에게 증언을 하는 동안 탁자 아래에서 손을 펴서 손바닥이 위를 향하게 하도록 당부한다. 이런 상태에 있으면 놓을 필요가 있는 무엇을 숨기거나 쥐는 것이 불가능하다고 말한다.

이 묘사가 마음에 든다. 한번 해보라. 기도하면서 해보라고 권하고 싶다. 손을 펴서 손바닥을 위로 향한 다음 기도제목 하나하나를 구하라. 맡김은 손과 마음을 활짝 열고, 손바닥과 눈을 위로 향하게 한 채 살아가는 삶과 관계가 있다!

바로 예수님이 십자가에 달리셨을 때 맡김을 가장 강렬하게 묘사하셨다고 볼 수 있다. 예수님은 못 박힌 두 손을 펴시고 "아버지 내 영혼을 아버지 손에 부탁하나이다"(눅 23:46)라고 말씀하셨다. 그분은 십자가에서 돌아가실 때 포기하지 않으셨다. 아버지의 뜻에 자신을 맡기셨다.

나는 맡기고 사는 삶이 지속적인 과정이라는 사실을 깨닫고, 내 염려와 관심사를 하나님께 맡기는 법을 배워가고 있다. 내 밧줄을 놓는 행위는 모든 일들을 한 번에 영원히 결정하는 일회성(one-time)의 결정이 아니다. 하루하루 살아가면서 내 인생의 선택과 결과와 사람들을 하나님께 맡기겠다고 의식적으로 결단해야 한다.

인생에서 어떤 어려운 일이 강한 경쟁자처럼 밧줄 반대편에서 당신을 끌어당기고 있는가? 현실과 다른 결과를 원하는 당신의 강렬한 갈망조차 상대가 되지 않는 무거운 시련이나 고통이 무엇인가? 불확실한 인생의 소용돌이 속에 유혹이 들어온다면 우리는 발을 헛디딜 수밖에 없다. 하나님이 우리 인생의 밧줄 끝을 잡으시도록 우리가 하나님을 믿고 따르는 데 방해가 되는 요인이 무엇인가?

낯선 사람을 절대 믿지 마라

어렸을 때 우리는 낯선 사람을 절대 믿지 말라고 배웠다. 영적으로 볼 때, 많은 사람들이 하나님을 신뢰하는 법을 배우지 못하는 까닭 역시 하나님을 낯설어하기 때문이다. 하나님을 소개받는 방법은 많다. 그러나 그런 방법들은 하나님과의 인격적인 관계를 발전시켜나가는 삶과는 거의 무관하다.

당신이 진심으로 신뢰하는 어떤 사람에 대해서 잠시 생각해보자. 그 사람은 분명히 당신을 잘 아는 사람일 것이다. 당신은 그 사람을 알아가고 그 사람과 관계를 쌓는 데 상당한 시간과 관심을 쏟는다. 이것은 당신과 내가 하나님을 신뢰하는 법을 배우는 방법이기도 하다.

우리는 하나님을 친밀하게 알아가야 한다. 하나님께서는 당신을 창조하신 분이기 때문에 언제나 당신을 잘 알고 계신다. 그러나 당신이 하나님과 하나님의 성품과 하나님의 의도를 알아가기 위해서는 시간을 내야 한다. 그리고 그 기회는 하나님의 놀라운 말씀을 통해서 얻을 수 있다.

하나님의 말씀은 하나님이 누구이시며, 당신을 향한 하나님의 큰 사랑에 관하여 당신이 무엇을 알기 원하시는지 밝히는 선언이다. 연애편지를 받고 설레던 때가 기억나는가? 당신을 정말 잘 알고 사랑하는 누군가가 글을 통해 그 사랑을 선언한 것을 읽을 때 당신은 큰 기쁨을 맛보았을 것이다. 성경은 하나님이 당신에게 보내신 연애편지이다. 하나님의 말씀은 시작부터 끝까지 하나님을 의지하고 신뢰해도 좋은 이유를 밝힌다. 읽고, 소중히 여기고, 마음 깊이 간직하라. 말씀을 배우고, 말씀대로 살고, 하나님께서 당신에게 하나님을 입증하시도록 믿고 따르라. 그렇게 할 때 하나님이 낯설지 않고 하나님과의 인격적인 관계 또한 지속적으로 깊어지고 신뢰하게 될 것이다.

맡김은 당신의 삶을 맡기고자 하는 그분을 신뢰할 때에만 일어난다.

솔직한 고백

제임스가 죽은 뒤 사람들은 종종 나에게 물었다.

"당신을 위해서 무슨 기도를 하면 좋을까요?"

진심 어린 질문이라는 사실을 알았지만 대답하는 데 꽤 애를 먹었다. 내 대답은 사람들이 그렇게 묻는 순간에 느낌이 어땠는지에 따라 좌우되었다. 필요한 것은 많았지만 초자연적인 도움을 원하는 절실한 갈망을 말로 표현하기는 어려웠다. "너무 어려워서 설명하지 못하겠어요"라는 말이 그 질문에 대한 정직한 대답이었을 것이다.

그러나 단 한 가지는 수정처럼 명확했고, 그것은 지금도 그렇다. 제임스는 영원히 돌아오지 못하고, 제임스를 잃은 과거 역시 절대 변하지 않으며, 허전함이 있을 거라는 사실이다. 나는 이 진실을 마주하면서 내가 "하나님을 영화롭게 하는 삶을 살기 원합니다"라고 기도하고 갈망한다는 점을 깨달았다.

어쩌면 당신은 이런 생각을 할지도 모른다.

'도대체 무슨 말이에요? 그것은 당신의 아픈 마음을 감추기 위해 내놓는 극도로 영적인 대답 아닌가요?'

외아들을 잃은 것은 내게 대단히 견디기 어려운 일이었다. 그러나 내가 그렇게 대답한 것은, 하나님께서 그 일을 우리 가족과 다른 사람들의 삶의 유익을 위해서 사용하신다는 것을 신뢰하는 법을 배우고 싶다는 현재진행형의 고백이다.

아픔을 붙들고 슬픔을 키우기보다는 하나님께 맡기고 싶다. 제임스의 죽음이 우리 가족의 마음에 남긴 텅 빈 곳을 인정하고, 그곳을 믿음과 힘으로 가득 채워달라고 하나님께 구하고 싶다. 궁극적으로 대답을 듣지 못한 많은 질문을 하나님께 맡기고, 하나님의 구속의 능력이 나의 모든 환경보다 더 크다고 믿고 싶다.

기대를 맡기기

한번은 가깝게 지내는 한 친구가 내게 말했다.

"나는 폭풍 가운데서도 나의 기대를 하나님께 맡길 때 평화가 임한다는 진리를 배우고 있어요."

나에게 좋은 충고였다. 어쩌면 우리는 평소 기대하던 바가 무엇인지 다시 살펴보고 주님 앞에 기꺼이 내려놓아야 할지도 모른다. 사실 이런 과정은 맡김이라는 행위의 일부이다.

하나님께서 성경에 당신이 바라는 방식대로 모든 기대를 만족시켜주시고, 모든 꿈과 소망을 이루어주시겠다고 약속하셨는가? 아니다. 하나님께서는 "능히 모든 은혜를 너희에게 넘치게 하시나니 이는 너희로 모든 일에 항상 모든 것이 넉넉하여 모든 착한 일을 넘치게 하게 하려 하심이라"(고후 9:8)라고 약속하셨다.

오직 하나님만이 당신을 위해 그렇게 하실 수 있다. 이 말씀대로 하나님께서는 당신에게 은혜와 넉넉함을 넘치게 부어주셨다. 당신과 나는 하나님께서 어떤 시련이나 상황에서든지 필요한 것 이상을 공급하시는 하나님의 놀라운 능력을 입증하면서, 우리를 통해 일하실 거라는 확신을 가지고 우리의 기대를 하나님께 맡겨야 한다.

'하나님의 능력'을 의지하면 외로운 결혼생활에서도 그 의미와 만족을 얻을 수 있고, 장성한 자녀들이 스스로 선택하는 모습을 지켜볼 수 있으며, 우리의 기대로부터 자녀들을 기꺼이 풀어줄 수 있다. '하나님의 은혜'를 의지하면 부족한 부모나 힘든 인간관계 때문에 고생하는 사람들을 도울 수 있고, 관심을 가지고 추진해나가던 일도 겸손하게 보류할 수 있다. 외로운 결혼생활, 자녀들을 기대에서 풀어주기, 다른 사람들 돕기, 평소의 관심사와 목표 보류하기 등 어떻게 전개될지 모를 인생의 조각들을 하나님의 뜻과 계획과 목적에 맡길 수 있다. 또 인생의 폭풍으로 인해 잃게 된 것을 하나님께 드릴 때, 상실한 상태로 살면서도 하나님께서 하나님의 영광을 위해 그 것을 사용하시도록 할 수 있다.

최근 내 친구 에이미의 남편이 초기 치매 진단을 받았다. 의사는 갈수록 증세가 악화될 거라고 전망했다. 에이미는 눈물이 그렁그렁 한 눈으로 나를 붙잡고 말했다.

"같이 늙어가면서 함께했던 추억들을 돌아보고 싶었어. 남편을 정말 사랑해. 하지만 남편이 우리가 함께 나눈 삶은커녕 우리가 누구인지 기억하지 못할지도 모른다는 게 현실이야."

그러나 그녀는 오직 하나님만이 주실 수 있는 은혜를 힘입어 낮은 목소리로 말했다.

"무슨 일이 닥치든지 잘 헤쳐 나가게 해주실 것을 알아."

이런 말을 들을 때, 우리는 에이미가 어떻게 그렇게 말할 수 있는지 회의적인 태도가 되어 의심하기 쉽다. 어떻게 그녀는 자기가 인생의 폭풍에 부서지지 않으리라 확신할 수 있을까? 왜 그녀는 불공평하게 보이는 하나님의 일처리나 관심 부족에 화를 내거나 불평하지 않을까?

이 질문들에 대답하자면, 그녀는 하나님께서 그녀와 그녀의 가족들을 영원히 사랑하신다는 진리를 알았다. 그녀는 사나운 바람이 몰아치거나 파도가 높게 일어도 하나님께서 그 바람과 파도 가운데서 자기와 함께하신다는 진리를 알고 있다.

어쩌면 에이미에게도 외로워하며 어떻게 할지 모르겠다고 느낄 때가 있을지 모른다. 그러나 희망이 보이지 않는 것 같을 때에도 하나님의 영은 그녀의 심령에 속삭이실 것이다.

"나는 위기 상황 이후에 일어나는 일들에 관한 계획을 언제나 가지고 있단다. 나는 언제나 내 백성들에게 앞으로 나아갈 길을 터주었어. 나는 아담과 하와로부터 네게 보낸 연애편지를 통해서 내가 언제 어떻게 길을 내주는지 계시한단다."

예수님이 십자가에 못 박히시기 전, 그분은 죽은 자들 가운데서 부활하셔서 갈릴리에서 제자들을 만나시겠다고 제자들에게 말씀하셨다(마 26:32). 예수님은 자신이 십자가에서 죽은 뒤 제자들의 믿음이 시험대에 오르리라는 사실을 아셨다. 이제 제자들은 많이 두려워하고, 넘어지고, 개인적으로 기대하던 많은 소망을 놓을 것이다. 예수님의 위로와 당부의 말씀을 기억하기 위해서 힘겹게 몸부림칠 것이다. 제자들을 실망과 환멸에서 벗어날 수 있도록 이끌기 위해서라면 다른 증인들 몇 사람이 예수님의 말씀을 일깨우면서 계속 격려해야 할 것이다. 제자들은 내키지 않는 지친 발걸음으로 예루살렘을 떠나 갈릴리로 다시 돌아가기 시작했다. 지정된 만남의 장소는 틀림없이 멀고도 멀게만 느껴졌을 것이다.

인생의 폭풍에 허우적거릴 때, 우리는 친숙한 것 때문에 불행해지거나 기진맥진하게 되었더라도 그 친숙한 것을 붙잡으라는 유혹을 받는다. 믿음에는 꼭 쥐었던 손을 펴고 평소 기대한 바를 하나님이 가져가시도록 하는 과정이 요구된다. 그러나 일단 우리 삶에 하나님을 포함시키면 무슨 일이든지 다 일어날 수 있다! 따라서 예수님을 향해서 발걸음을 옮기기 시작하라고 격려하고 재촉하고 싶다. 예수님은 우리와 같은 줄다리기 팀에 함께 계신다. 하지만 그 반대편에는 폭풍이 있다.

괜찮지 않으면 아직 끝이 아니다

제임스가 죽었다는 소식을 알게 되고 나서 뜻밖의 손님 한 명이 나를 찾아왔다. 평소 알고 지내는 사이이긴 했지만 그렇게 잘 아는 사람은 아니었다. 적어도 그런 소식을 전해 듣고 바로 찾아올 정도는 아니었다. 그러나 그 사람이 즉각 나를 보러 온 데는 이유가 있었다.

몇 해 전, 그녀는 비행기 추락으로 외아들을 잃었다. 그럼에도 불구하고 그녀는 하나님이 선하시다는 말을 해주기 위해 나를 찾아왔다고 했다. 우리의 환경만 놓고 보면 사실 좋지 않았다. 그러나 하나님께서는 그것을 우리의 삶 가운데 행하시는 다른 일들과 함께

하나님의 선하신 목적을 위해서 바꿔놓겠다고 약속하신다. 나는 하나님을 믿는다.

"우리가 알거니와 하나님을 사랑하는 자 곧 그의 뜻대로 부르심을 입은 자들에게는 모든 것이 합력하여 선을 이루느니라 하나님이 미리 아신 자들을 또한 그 아들의 형상을 본받게 하기 위하여 미리 정하셨으니"(롬 8:28,29).

신문에서 읽었던 인용구가 있다.

"결국 모든 일들이 괜찮아질 것이다. 모든 일들이 괜찮지 않다면 아직 끝은 아니다."

나는 이 말이 좋다. 어떤 사람은 단지 긍정적인 생각일 뿐이라고 말할지도 모른다. 그러나 나는 하나님을 믿기 때문에, 신자의 삶에서 폭풍이 끝은 아니라고 믿는다. 오늘 당신과 내가 하나님께 맡기는 것들이 마침내 영원히 변치 않는 좋은 일을 낳을 것이다. 좋은 소식이다!

하나님께 넘겨드리기

우리가 하나님의 말씀에 주목한다면 우리는 우리의 환경과 믿음의 여정을 더 깊이 이해할 수 있다. 우리가 소중히 간직해온 연애편지에는 하나님께서 평범한 사람들의 삶 가운데 행하신 평범하지 않은 일들이 많이 나온다.

'맡김'에 대해 알아보기 위해 야곱을 살펴보기로 하자.

창세기에 기록된 대로 야곱에게는 12명의 아들이 있었고, 그들은 이스라엘 12지파의 조상이 되었다. 그러나 야곱은 열한 번째 아들인 요셉을 편애했다. 그러다보니 형제들 사이에 질투와 다툼이 일어났고, 결국 그들은 요셉을 노예로 팔았다. 그런 다음 자기들의 죄를 감추기 위해 야곱에게 들짐승이 요셉을 죽였다고 거짓말을 했다. 상심한 야곱은 위로받기를 거부한 채 다음과 같이 말했다.

"내가 슬퍼하며 스올로 내려가 아들에게로 가리라"(창 37:35).

이런 슬픔을 겪은 뒤, 야곱의 가족은 모두 복잡한 세월을 보냈다. 노예로 팔려간 요셉은 억울한 누명을 쓰고 감옥에 갇혔다. 요셉의 삶은 그야말로 실망, 부당한 처사, 깨진 꿈으로 인한 정서적 속박으로부터 자유로운 맡김의 능력을 여실히 보여준다. 요셉은 좌절할 때마다 하나님께서 다스려주시도록 하나님을 믿고 따랐고, 이것은 역경과 시련의 장소 곳곳에서 하나님이 요셉과 함께하심으로 자비와 은총을 베푸시고 그를 앞으로 이끄시는 기회가 되었다. 마침내 애굽의 바로는 요셉이 하나님의 영에 감동된 사람이라고 인정하며 이렇게 말했다.

"너와 같이 명철하고 지혜 있는 자가 없도다"(창 41:39).

요셉은 삼십 세에 애굽의 2인자 자리에 올랐다. 패배하고 잊혀진 것처럼 보였던 그가 회복되고 고귀해졌다.

당신의 폭풍을 하나님께 넘겨드리고 맡겨라. 그러면 하나님께서 당신이 준비되었다고 판단하실 때 위로 들어 올리시고 폭풍을 벗어나게 하실 것이다. 그것이 하나님의 말씀이다. 하나님의 말씀은 의지해도 좋다. 좀 더 일찍 인생의 폭풍을 하나님께 맡길수록 우리는 상실감과 절망의 감옥에서 더 빨리 나오게 될 것이다.

다시 야곱 이야기로 돌아가자. 야곱과 열한 명의 아들은 심각한 기근으로 고생했다. 그러던 중 그들은 애굽에 가면 곡식을 얻을 수 있다는 소식을 들었고, 야곱은 막내아들 베냐민만 집에 남긴 채 열 명의 아들을 그곳에 보내어 곡식을 사오게 했다. 요셉이 죽었다고 생각한 야곱은 막내아들 베냐민까지 잃을 수는 없다고 생각했기 때문이다. 그러나 야곱의 그런 태도가 지금까지 기록된 모든 이야기 중에서 가장 감동적인 화해의 무대를 마련했다.

야곱의 아들들이 애굽에 도착했을 때, 요셉은 정체를 숨기고 형들을 시험했다. 곡식을 사려면 집으로 돌아가 막내를 데려오라고 요구한 것이다. 그 소식을 들은 야곱은 견디지 못했다. 자신이 통제할 수 없는 상황이 되어가고 있다는 사실을 깨달은 야곱은 "이는 다 나를 해롭게 함이로다"(창 42:36)라고 한탄했다.

상황을 주도하고자 하고 베냐민에게 집착하는 야곱의 시도 때문에 불행과 두려움은 더 커졌다. 그러나 양식이 꼭 필요했기 때문에 야곱은 어쩔 수 없이 통제권을 포기했다. 야곱은 마지막으로 보석과 같은 막내아들 베냐민을 포기하고 애굽으로 보내게 되었다.

"그러할진대 이렇게 하라… 전능하신 하나님께서… 너희에게 은혜를 베푸사… 내가 자식을 잃게 되면 잃으리로다"(창 43:11,14).

야곱은 줄다리기 대열에서 미끄러졌고 결국 밧줄을 놓았다.

- 야곱의 태도가 변화되었다. '만약 …면 어쩌지?'(what if)라고 하는 그의 두려움이 '비록 …일지라도'(even if)가 된 것이다. 가족의 상황과 미래를 통제하려는 욕구를 내려놓은 야곱의 결심은 야곱이 상상할 수 있는 그 이상의 일들이 일어나는 도화선이 되었다. 야곱은 잃은(요셉) 것을 찾게 되었다.
- 부족함(기근)이 있는 곳에 풍족함(곡식)이 있다.
- 분열(거짓말, 죄책감, 비난, 창피함)이 있는 곳에 화합과 용서가 있다.
- 찢어지는 아픔(슬픔, 비통함, 애도)이 있는 곳에 치유와 기쁨과 즐거움이 있다.
- 일시적인 것(애굽의 고센 땅에 거주하는 것)이 회복되는 약속을 받았다. "하나님이 너희와 함께 계시사 너희를 인도하여 너희 조상의 땅으로 돌아가게 하시려니와"(창 48:21).
- 가장 많이 상한 것(요셉)이 가장 큰 축복을 받는다. "요셉은 무성한 가지 곧 샘 곁의 무성한 가지라 그 가지가 담을 넘었도다"(창

49:22).

- 하나님께서는 인간이 악한 목적으로 계획한 것을 "선으로 바꾸사 오늘과 같이 많은 백성의 생명을 구원하게 하시려 하셨나니"(창 50:20).

'만약 …면 어쩌지?'에서 '비록 …일지라도'로 이동하기

사탄은 '만약 …면 어쩌지?'라는 질문으로 우리를 결박하여 인질로 잡아두고 싶어 한다. 또한 우리 삶 가운데 펼쳐질 수 있는 다양한 시나리오를 보여주거나, 상황이 얼마나 악화될 수 있는지 생생하게 마음에 심어주기도 한다. 그러나 하나님께서는 무엇이든지, 모든 것을, 심지어 당신의 폭풍까지도 좋은 무언가로 바꾸는 능력을 갖고 계신다.

하나님을 경외하는 히브리 청년 사드락, 메삭, 아벳느고는 느부갓네살 왕이 세운 금 신상에 절하고 예배하라는 명령과 그렇게 하지 않으면 맹렬히 타는 풀무 불에 던져 넣겠다는 위협을 받았다. 그러나 그들은 단호하고 명확하게 대답했다.

"왕이여 우리가 섬기는 하나님이 계시다면 우리를 맹렬히 타는 풀무불 가운데에서 능히 건져내시겠고 왕의 손에서도 건져내시리이다 '그렇게 하지 아니하실지라도' 왕이여 우리가 왕의 신들을 섬기지도 아니하고 왕이 세우신 금 신상에게 절하지도 아니할 줄을 아옵소서"(단 3:17,18).

하나님의 원수의 위협을 마주했을 때, 세 청년은 '만약 …면 어쩌지?'라는 질문에 맞섰고, 비록 하나님께서 목숨을 구해주지 않으실지라도 하나님은 무엇보다 높으시며 절대적인 충성을 받아 마땅하신 분이라고 선언했다. 우리도 건강, 가족의 행복, 미래의 소망을 해치겠다는 위협을 마주할 때 이런 선택을 한다. 우리 앞에 놓인 불을 향해서 걸어간다. 하나님은 우리가 당연하다고 여기는 방식으로 오시지 않을지도 모르겠다. 하지만 언제나 가장 좋은 방식으로 오신다. 그분은 언제나 우리의 믿음과 충성을 받아 마땅하시다.

어쩌면 당신은 지금 사탄이 당신의 소망과 믿음을 위협하고 공격하기 위해 온갖 종류의 '만약 …면 어쩌지?'라는 질문들을 퍼붓는 지점에 이르렀는지도 모른다. 그때 그 가능성들을 하나님께 내려놓고 '비록 …일지라도'의 결단으로 바꿀 수 있게 도와달라고 구하라. 그러면 우리는 맡김을 향해 더 큰 발걸음을 내딛게 된다. 하나님께서는 하나님을 높이는 사람들을 높이시며 그런 사람들을 위해서 힘을 보여주신다.

결국 세 청년은 결박되어 풀무 불에 던져졌다. 그런데 왕이 세 청년이 어떻게 되었는지 확인했을 때, 그는 "내가 보니 결박되지 아니한 네 사람이 불 가운데로 다니는데 상하지도 아니하였고 그 넷째의 모양은 신들의 아들과 같도다"(단 3:25)라고 말했다. 예수님은 당신의 고된 시련 한가운데 나타나실 것이다. 당신을 결박하는 두려움과 공포를 풀어주는 능력을 갖고 계신 예수님이 당신과 함께 불을 통과하실 것이다.

다음의 말씀을 곰곰이 생각해보라.

"총독과 지사와 행정관과 왕의 모사들이 모여 이 사람들을 본즉 불이 능히 그들의 몸을 해하지 못하였고 머리털도 그을리지 아니하였고 겉옷 빛도 변하지 아니하였고 불 탄 냄새도 없었더라"(단 3:27).

진지하게 말하건대, 우리가 인생의 시련과 시험의 부작용에 상처를 입을 필요는 없다. 희생자라고 표시되거나 비극적으로 상처받은 사람들이라고 분류되지 않아도 된다. 인생의 폭풍을 하나님의 손에 맡겼을 때 당신은 파손된 물품(damaged goods)이 아니다. 예수님은 당신과 함께하기를 원하신다. 야곱과 요셉과 히브리 세 청년과 제자들과 예수님을 신뢰하는 모든 이들에게 그렇게 하신 것처럼, 당신이 시련을 잘 이겨낼 수 있도록 이끌어주기를 원하신다.

제임스가 세상을 떠나고 다른 사람들이 나를 위해서 기도하겠다고 했을 때, 결과적으로 내가 배운 대답은 이것이다.

"비록 이런 일이 있었더라도 저는 하나님을 영화롭게 하는 방식으로 살고 싶어요."

당신이 털끝 하나 상하지 않고 폭풍을 뚫고 나올 때, 그동안 의심했던 많은 사람들과 회의주의자들도 하나님의 능력과 영광을 부인하지 못하게 된다. 느부갓네살 왕 또한 다음과 같이 반응하며 말했다.

"사드락과 메삭과 아벳느고의 하나님을 찬송할지로다 그가 그의 천사를 보내사 자기를 의뢰하고 그들의 몸을 바쳐 왕의 명령을 거역하고 그 하나님밖에는 다른 신을 섬기지 아니하며 그에게 절하지 아니한 종들을 구원하셨도다"(단 3:28).

하나님과 함께 걷는 발걸음 Your steps with God

사탄은 '만약 …면 어쩌지?'라는 질문들로 당신을 조롱한다. 그러나 그 질문들을 취하여 모든 두려움과 공포를 하나님께 넘겨드리고, 하나님의 능력과 소망으로 대체하도록 돕는 '비록 …일지라도'의 결단을 작성해보는 것은 어떨까?

- 만약 …면 어쩌지? : ....
- 비록 …일지라도 : ....

만일 이것이 당신이 마음으로 소망하는 것이라면 다 같이 기도드리자(아래 빈칸에 자신의 이름을 넣어 기도하라).

천사를 보내주신 하나님, 예수님을 보내서서 저와 함께 걸으시는
(   )의 하나님을 찬양합니다. 제가 하나님을 신뢰함으로 제 모
든 기대와 아픔을 하나님께 넘겨드리니, 하나님께서 저를 건져주십시
오. 오직 하나님을 예배하고 섬기겠습니다. 예수님의 이름으로 기도
드립니다. 아멘.

Chapter 8

슬픔을 통과하는 여정 ;

치유를 향해 나아가라

　제임스가 죽고 나서 며칠간 우리 집에는 우리 가족을 조문하고 돌봐주기 위해 찾아오는 사람들로 가득했다. 일반적으로 미국 남부에서는 음식과 꽃, 슬픔과 관련된 책들을 가지고 아무 때나 유가족들을 찾아가서 유가족이 기대어 울도록 어깨를 내어주거나 기도하겠다고 약속하는 것을 당연하게 여긴다. 사람들은 위기 상황에 있는 이들을 도와주고 격려해주고 싶어 한다. 우리는 아들이 지구 반대편에서 죽었기 때문에 다른 많은 세부사항들을 알지 못했고, 남편이 제임스의 시신을 넘겨받기 위해 케냐 나이로비로 떠났음에도 불구하고 여전히 답을 모르는 질문들을 가지고 있었다. 제임스의 시신을 인계받아 집으로 오는 데 얼마의 시간이 걸리는지, 혹은 그 과정에서 무엇이 필요한지도 전혀 알지 못했다. 며칠 동안 계속 그렇게 집을 개방해두어야 한다고 생각하니 너무 힘들었다.

대부분의 시간은 안방에서 보냈는데, 그러다보니 마치 새장에 갇힌 것처럼 느껴졌다. 나는 아주 가까운 친구 몇 명과 딸들하고만 같이 있고 싶었다. 평소대로 살고 싶었지만 바로 그 순간에는 평소대로 산다는 것이 무엇을 의미하는지 전혀 알지 못했다. 나는 우리 집 거실에 둘러앉아 하나님의 길에 대해 설명하거나 그것을 이해하기 위해 노력하는 다른 사람들의 모습을 보고 싶지 않았다. 나는 아들을 잃은 슬픔의 무게에 비틀거리는 중이었기 때문에 사랑하는 사람을 잃은 그들의 이야기를 듣고 있을 수가 없었다.

어느 특별한 날, 나는 몇 사람과 이야기를 하기 위해 과감하게 거실로 나갔다. 남편과 내 영적인 목자이자 절친한 우리 교회 목사님과 사모님이 거기에 있었다. 그때 목사님이 내가 항상 기억하고 있던 어떤 말을 했는데, 그 말을 듣고 나는 다른 사람들과 나 자신에 대한 기대로부터 자유로이 풀려날 수 있었다.

목사님은 말했다.

"조언을 많이 받을 거예요. 하지만 이 일은 다른 누군가의 일이 아니라 당신의 일이기 때문에 나는 당신에게 무엇을 하라고 말하지 않겠습니다. 제임스의 죽음과 관련된 모든 것들, 그리고 당신이 지금 어떻게 느끼고 있는지는 그 누구도 모릅니다. 오직 하나님만 알고 계십니다. 하지만 이것은 기억하세요. 당신이 하고 싶지 않은 일은 그것이 무엇이든지 간에 하지 않아도 괜찮아요. 슬픔은 당사자만 아는 거예요. 슬퍼하는 데 옳은 방식이나 틀린 방식은 없어요."

희망의 불빛이 깜빡이는 것 같았다. 나는 목사님께 말했다.

"제임스의 시신을 집으로 운구한다는 소식이 들리기만을 고통스럽게 기다리는 동안, 제가 이렇게 조문객들이 꽉 찬 집에 있어야 하는 건가요?"

목사님이 대답했다.

"아니요. 제가 다른 사람들에게 이제 그만 자리를 비켜주는 것이 좋겠다고 부탁할까요?"

나는 고개를 끄덕였고 큰 안도감을 느꼈다.

그때 목사님이 전해준 지혜의 선물은, 내가 슬픔을 통과해가는 당신의 여정을 위해 전하는 선물이 되었다. 우리 모두 슬픔이 찾아오면 개인적으로, 자신에게 맞는 방식으로 제각기 반응할 것이다. 그러므로 슬픔을 통과하는 여정도 다를 것이다. 어쩌면 당신은 슬픔에 대해서 말하고 또 말해야 자신에게 일어난 사실들을 가지런히 정리할 수 있는 사람일지도 모른다. 어쩌면 당신은 주변에 많은 사람들이 있기를 바랄지도 모른다. 어떤 사람은 조용히 지내면서 상황을 차근차근 정리하고 충격을 덜어주는 혼자만의 공간을 원할 것이다. 어떤 방식이 옳다거나 틀리다고 말할 수 없다. 그러나 나는 당신을 이렇게 격려하고 싶다. 하나님께서는 당신 옆에 계시며, 슬픔의 여정 내내 당신과 동행하기 원하신다는 것이다. 이제 당신은 폭풍의 잔해들이 치유를 향해 가는 길을 막는 슬픔의 무인도에서 더 이상 살지 않아도 된다.

우리 중 누군가는 슬픔의 여정에 대한 약간의 경고를 듣고, 다가오는 슬픔의 여정을 예상하는 시간을 가졌을지도 모른다. 또 누군가는 자신도 모르게 결코 예상하지 못했던 우회로로 떠밀려갔을지도 모른다. 그러나 어떤 경우든지 우리는 아직 준비되지 않았다는 사실을 예민하게 의식한다. 슬픔의 흐름이 느릴지라도, 때로 막히는 듯 보여도 한 방향으로 흐른다는 사실을 기억하라.

슬픔을 통과해서 나가는 길에는 많은 위험들이 도사리고 있고, 어둠이 삼켜버리겠다고 위협하기도 한다. 하지만 그럴 때 우리는 목적지로 안내하고 이끄는 하나님의 초자연적인 능력과 빛을 의지해야 한다. 또한 슬픔의 여정을 안전하게 끝마치려면 우리를 위협하는 몇 가지의 구덩이들을 조심해야 한다.

모퉁이마다 당신 영혼의 원수 사탄에게서 나온 거짓말들이 기다리고 있다. 그 거짓말들이 왜곡된 생각의 형태로 나타나 당신을 깜짝 놀라게 할 것이다. 때로는 과거의 추억들이 집요한 탐정 모양으로 추적할 것이다. 부서진 꿈이 당신을 끈적끈적한 진흙 구덩이에 빠트리려고 할 것이다. 사탄이 거짓말쟁이요 거짓의 아비라는 말씀을 기억하라(요 8:44). 사탄은 당신이 슬퍼서 기진맥진하고 마침내 파괴되기를 바라고 있다. 사탄은 당신과 함께 슬퍼하지 않는다. 당신을 파괴하기 위해 지칠 줄 모르고 계속해서 일한다. 우리는 원수가 어떤 식으로 일하는지 반드시 알아야 한다.

"내 생명을 찾는 자가 올무를 놓고 나를 해하려는 자가 괴악한 일을 말하여 종일토록 음모를 꾸미오나"(시 38:12).

슬퍼하는 마음은 꼭 필요하다. 하지만 이것은 자칫 잘못하면 사탄의 먹잇감이 되기 쉽다. 슬픔을 통과하는 여정이 힘들고 길어질 때, 우리는 방향을 틀어 과거로 돌아가고픈 유혹을 받을 것이다. 이렇게 과거 속에 살게 하려는 유혹은 미래가 없을 것이라는 거짓말에서 비롯된다. 우리는 두려움이 내일의 희망을 도둑질하게 내버려둔다. 백미러를 계속 응시하면 계속 깊은 구멍과 도랑에 빠질 수밖에 없다.

슬픔을 통과해서 앞으로 나가는 데 장애가 되는 또 다른 요소는 고통을 피해서 대체 경로를 찾는 행위이다. 슬픔의 길을 걸어가는 아주 많은 여행자들은 지름길이 없다고 경고한다. 따라서 슬픔을 건너뛰거나 피해서 다른 길로 돌아갈 수 있다는 사탄의 거짓말을 믿으면 우리는 어리석은 바보가 될 것이다.

사람들은 '슬픔'을 '정신적 고통'이라고 정의한다. 우리가 인생의 폭풍으로 인한 극심한 상실을 지적으로 꾹 참는다는 말은 사실에 근거한 지식이다. 상실의 슬픔을 표현하는 방식은 애통하는 행위이다. 이 애통하는 행위가 슬퍼하는 과정인데도 불구하고, 사람들은 이것을 잘 숨기거나 부정한다. 어쩌면 이것이 애통하는 행위의 가치일지도 모른다.

나는 슬픔에 관한 성경의 모든 인용구들을 읽어보았고, 슬퍼하는 사람들을 지켜보았고, 개인적으로 슬픔을 겪어보기도 했다. 애통하다는 것은 고통과 상실을 처리하고 받아들이는 방법을 배우도록 돕는 육체적, 정서적 활동이다. 하나님께서는 울음, 한숨, 신음, 통곡, 괴로움으로 인해 몸부림치고, 메스꺼워하고, 식욕이 상실되고, 뼈마디에 통증이 있고, 옷을 찢고, 재 가운데 드러눕는, 이런 외적인 방식으로 슬픔과 고통을 표현하는 사람들의 예를 성경에서 여러 번 반복해서 보여주신다.

문화적 관습이나 종교적 전통까지도 애통하는 태도에 큰 영향을 미친다. 슬픔을 부정해서는 안 된다. 애통하는 행위를 방해하는 거짓말을 조심하라. 요한복음 11장 33절부터 35절까지 예수님은 마르다와 마리아와 그 가족의 친구들과 함께 나사로의 죽음을 애통해하셨다.

"예수께서 그가 우는 것과 또 함께 온 유대인들이 우는 것을 보시고 심령에 비통히 여기시고 불쌍히 여기사 이르시되 그를 어디 두었느냐 이르되 주여 와서 보옵소서 하니 예수께서 눈물을 흘리시더라."

친구여, 당신이 애통하면 예수님은 깊이 감동하신다. 당신과 함께 눈물을 흘리신다. 애통하는 행위는 슬퍼하는 과정에서 꼭 필요한 일부이다.

"내 영혼이 슬픔 때문에 눈물을 흘립니다. 주의 말씀을 따라서 나를 강하게 하소서"(시 119:28, NKJV 영어성경, 역자 사역. 한글 개역 개정에는 '나의 영혼이 눌림으로 말미암아 녹사오니 주의 말씀대로 나를 세우소서'라고 표현되어 있다).

목자의 말을 경청하기

많은 사람들이 '슬픔'이라는 주제를 가지고 책을 썼을 뿐만 아니라 그 주제에 초점을 맞춘 연구도 많다. 그러나 슬픔에 대한 나의 전문 지식은 순전히 슬픔을 안고 살아갔던 나의 삶에서 나왔다. 슬픔의 단계들에는 상대적 예측 가능성이라는 일정한 패턴이 있지만, 슬픔은 독특하게 개별적이고 완전히 개인적이다. 우리의 삶에 폭풍이 사납게 몰아칠 때, 선하고 진실한 많은 친구들과 사람들은 우리에게 즉각적으로 충고하거나 제안을 하기도 한다. 물론 사람들은 우리의 짐을 함께 지고 가고 싶어 하고, 고통을 덜어주고 싶은 마음에서 그런 제안을 한다. 그 제안에는 괴상한 내용에서 지혜롭고 유용한 내용에 이르기까지 다양하다.

나 역시 많은 사람들에게 많은 제안을 받았고, 그러면서 "정보의 출처가 어디인지 유념해야 한다"는 것을 분명히 깨달았다. 몇 가지 흔한 제안들을 나열해보았다.

- 성형외과 의사를 찾아가라
- 더 먹거나 덜 먹어라
- 더 자거나 덜 자라
- 약을 먹어라
- 더 많이 외출하라. 근사한 외식을 하고 운동하라
- 멋진 여행 계획을 짜라
- 애완동물을 키우거나 새 남편을 얻어라
- 아기를 갖거나 입양하라
- 그 남자를 쫓아내거나 돌아오게 하라
- 그냥 잊어버리거나 바쁘게 살거나 다른 일에 몰두하라
- 대중매체와 접촉하라

우리는 흔히 다른 사람들이 건네는 제안을 통제하지 못한다. 그

러나 누구의 목소리를 귀담아 들을지는 통제할 수 있다. 우리의 마음과 생각과 귀를 계속 집중시켜야 할 목소리가 있다.

예수님은 말씀하셨다.

"양은 그의 음성을 듣나니… 타인의 음성은 알지 못하는 고로 타인을 따르지 아니하고 도리어 도망하느니라"(요 10:3,5).

하나님의 말씀에 맞게 충고하고 그 진리에 근거하여 제안하는 사람들의 말을 귀담아 듣기 위해 우리는 매우 신중해야 한다. 기도를 많이 하면서 지혜를 보여준 적이 있고, 폭풍이 몰아칠 때 견고한 발판 위에 서서 요동하지 않는 것을 삶으로 입증하는 사람들을 조언자와 의논 상대자로 삼아야 한다.

무엇이 당신을 과거에 잡아두는가?

심각한 상실감으로 생긴 아픔과 슬픔을 치료하는 방법은 단 하나, 슬퍼하면서 슬픔을 통과해나가는 것뿐이다. 부정이나 회피는 상실감을 느끼지 않거나 처리하지 않아도 지름길이나 우회로를 알아낼 수 있다는 속임수에 불과하다. 다시 말해 아픔과 슬픔의 반대편으로 가는 유일한 길은 슬픔을 통과하는 길, 아픔을 통과하는 길뿐이다. 슬픔의 한가운데 머무르기 위해서가 아니다. 하나님의 도우심과 함께하심을 힘입어서 치유를 향하여 가기 위해서이다.

최근 성인기에 접어든 아들이 집에서 죽어 있는 것을 발견하고 충격에 빠진 어떤 엄마가 나에게 이런 말을 한 적이 있었다.

"이런 느낌이 정말 싫어요. 나는 적극적인 사람이에요. 이런 느낌을 없애줄 무언가를 알아내야겠어요."

그녀는 자신의 마음에서 이 혹독한 아픔을 빨리 없앨 수 있다면서 자신을 안심시키기 위해 필사적으로 애썼다.

우리 모두 플랜 B(처음 계획이 성공하지 못할 경우에 진행할 계획)를 세우려는 유혹에 친숙하다. 텅 비어 있는 마음의 공간을 채우고 공허와 상실의 느낌을 막을 수 있는 방법은 분명히 있다. 계속 바쁘게 살고, 계속 움직이고, 계속 좋은 일들을 많이 하면서 자신을 지치게 하는 것이다. 그러나 이런 방법은 간단하지만, 하나님께 치유받는 길은 아니다.

때로 우리는 고개를 돌려 과거에 잃었던 것만 계속 바라본다. 그래서 우리의 플랜 B는 왔던 길로 되돌아가는 계획을 뜻하기도 한다. 환경의 둘레를 빙글빙글 도는 순환 여행을 하고 있는가? 죽이겠다고 위협하는 패배와 절망의 소용돌이에 휩쓸려서 현기증이 날 정도로 돌고 있는가? 어질어질한 정서적 롤러코스터 타기에 멀미가 나고 지쳐서 앞으로 나갈 준비를 하고 있는가?

몇 해 전, 나는 남편과 남편의 고등학교 동창들과 함께 어떤 행사에 참여한 적이 있었다. 남편과 나는 같은 고등학교에 다녔는데, 대학을 졸업하자마자 고향을 떠나 멀리 이사했기 때문에 고향 친구들 소식은 전혀 모르고 있었다. 어떤 여자 동창과 대화를 하고 있을 때, 남편이 그 여자 동창의 오빠에 대해 물었다. 그 순간 그녀는 자신의 오빠가 10년 전에 세상을 떠났다고 말하며 두 손으로 얼굴을 감싸 쥐고 눈물을 쏟았다. 그녀의 그런 극적인 행동은 그녀에게 분명 치유되지 않은 과민한 상처가 있다는 표시였다.

"자녀들이 있습니까?", "결혼하셨습니까?", "무슨 일을 하시나요?" 이런 사소한 말이 누군가의 신경을 건드리는 지뢰가 되기도 한다. 자녀가 있느냐는 질문에 딸 셋을 두었다고 대답하면, 상대방은 때로 이렇게 반응한다.

"아, 아들은 없으시네요!"

최근 결혼을 앞둔 신부를 축하하기 위해 열었던 파티에서 어떤 지인과 수다를 떨게 되었는데, 그때 그 사람이 내게 이렇게 말했다.

"자식을 잃은 부모들이 그것을 어떻게 견디는지 상상이 안 돼요. 정말 끔찍해요."

나는 이 두 가지 상황에서 대화 주제를 잘 알고 있다고 표현하거나, 악의 없이 순수하게 말하는 사람들을 민망하게 할 필요는 없다고 생각했다. 과거의 아픈 일들을 잊거나 그 일이 전혀 문제가 안 되는 척하자는 말이 아니다. 하나님께서 치유하시도록 허락하겠다고 의식적으로 결단하자는 말이다.

과거와 똑같은 상황으로 돌아가서 과거와 똑같은 세부적인 일들을 그대로 반복하고 옛 추억을 곱씹는 행위를 그만두겠다고 지금 당장 결단하라. 문자적으로나 상징적으로 세운 사당(shrines)이 있다면 그것을 헐어버리는 데 동의하자. 나의 한 친구는 세상을 떠난 동생을 위해서 선물을 사고 포장해서 간직해두는 행동을 10년 이상 해오고 있다. 내가 아는 또 다른 사람은 남편의 유골을 자동차 앞좌석 밑에 넣어둔 채 운전을 하고 다녔다.

만일 아기를 낳지 못해서 아파하는 중이라면 지금이야말로 유아용품을 사서 아기 방을 꾸미는 행동을 중단해야 할 때이다. 사별하거나 이혼했다면 텅 빈 의자를 물끄러미 바라보기를 중단하고 의자를 눈에 보이지 않는 곳에 치워라. "이제 우리는 하나가 아니야"라고 기꺼이 말하라. 상심했다면 주님 안에서 온전해지고 치료받을 준비가 되었다고 기꺼이 말하라.

회피의 대가

제임스가 세상을 떠나고 슬픔의 여정이 시작되었을 때 나는 슬픔을 피하거나 부정하려 애썼고, 이런 행동이 위험하다는 경고를 받고 예민하게 신경을 썼다. 평소 나는 도망치면서 살아간 적이 없었기에, 재빨리 앞으로 나가는 방법으로 슬픔을 앞질러 가거나 모면해보려는 유혹은 조금도 들지 않았다. 그러나 슬픔이라는 현실을 적절하게 처리하지 않았기 때문에, 5년 동안 그 길에 있다가 큰 장벽에 부딪힐 것을 생각하니 죽을 만큼 두려웠다. 그러나 통과하는 방법 말고는 그 길을 갈 방법이 없었다. 나는 이 이야기를 여러 차례 들어보았고, 그래서 나 자신에게 슬픔을 허락했다. 이것은 먼저 마음에서부터 시작했다.

수영을 처음 배울 때나 수영을 어린이에게 가르치던 때가 기억나는가? 미지의 세계에 대한 두려움과 수영장 바닥에 발이 닿지 않는 데서 오는 두려움은 정말 강력하다. 어린아이들은 수영장 가장자리에 붙거나, 강사의 목에 매달리거나 강사의 몸에서 떨어지지 않으려고 한다. 때로는 얼굴을 물속에 넣지 않으려고 비명을 지르며 필사적으로 발버둥치면서 물을 한 바가지씩 마시고 괴로워한다.

슬픔을 회피하는 행동은 수영장 가장자리에서 일어나는 이런 장면과 매우 비슷하다. 우리는 슬픔에 빠지는 사태를 피하려고 무엇에든지 매달린다. 고통에 대한 두려움이 너무 커서 피하거나 극복할 방법을 찾기 위해 모든 에너지를 소비한다. 그러나 '왜?', '만약…면 어쩌지?', '누가?', '언제?' 같은 질문들 속에서 계속 발버둥치면 자기도 모르게 맥이 풀려서 생기를 잃고 절망하게 될 것이다. 물에 빠진 사람은 극심한 공포를 느끼고 인명구조원을 붙들고 물속으로 끌고 내려갈 우려가 있기 때문에 위험하다. 이와 같이 때로 우리는 자신의 고통과 문제에만 너무 마음을 빼앗긴 나머지 주변 사람들에게 치명적인 해를 끼치기도 한다.

자신의 고통을 토로하는 모임에 참석한 사람이 있는가? 그런 사람은 자신에게 일어난 일을 토대로 자신을 정의한다. 다른 사람들에게 무언가를 주기 위한 정서적 용량 따위를 남겨놓지 않는다. 나는 여성 모임에 수년간 관여하고 있었는데, 회원들이 앞으로 나아가려고 노력하지 않을 때 서로에게 영향을 미치기도 한다는 것을 주목하게 되었다. 슬픔을 통과해서 앞으로 나아가기보다 슬픔 안에 남아 있는 누군가의 이름이 참가자 명단에 오르면, 지도자들은 기도에 들어간다. 지도자들은 측은한 마음으로 그 사람을 위해서 기도할 뿐 아니라 그 사람의 상황 때문에 당황할지도 모를 다른 참가자들을 위해서도 기도했다.

슬퍼하는 사람들은 강하다고 생각하는 누군가에게 의지하기 원하고, 자신이 잘 헤쳐나갈 수 있도록 도와줄 만한 사람을 의지하려고 한다. 솔직히 나는 이렇게 누군가에게 여생을 잘 헤치고 나가게 해달라고 요청하는 행동이 이해가 되지 않는다. 왜냐하면 내가 가야 할 슬픔의 길은 정말 어렵지만, 내가 그 길을 잘 헤치고 나갈 수 있도록 돕는 것은 다른 누군가의 본분이 아니기 때문이다. 나를 도울 수 있는 유일한 분이 있다. 바로 내 안에 계신 하나님의 성령이시다. 내가 어떤 사람을 품고 나와 그 사람을 위해 생명의 호흡을 할 수 있었던 유일한 때는 내 안에 생명이 있을 때였다. 그러나 그것은 제한된 기간 동안만이다. 결국에는 그 사람 스스로 생명을 호흡하기 시작해야 한다.

이 지점에서 배우자들이 종종 갈등에 빠진다. 한 사람이 상대 배우자에게 치유와 위로의 원천이 되어주기를 원할 때, 마침내 두 사람 사이의 긴장과 갈등은 감당하기 어려운 지경에 이른다. 자신은 살아남기 위해서 필사적으로 애쓰고 있지만 실제로는 상대 배우자를 멀리, 더 멀리 밀어내는 것이다. 이런 일은 종종 배우자 사이에 정서적인 거리를 만들게 되고 슬프게도 때로는 이별을 낳기도 한다.

대답해야 할 중요한 질문 한 가지

어느 날 예수님은 오랫동안 자리에 누워 있는 병자에게 이렇게 물으셨다.

"네가 낫고자 하느냐?"

일어나 걷기를 바라는 병자의 소망이 진실한지 의심스러우셨던 것이다. 폭풍 이후의 삶을 맞이하는 데는 용기와 힘이 필요하며, 변화된 삶, 정돈된 삶을 살아가는 법을 배우는 데는 인내와 믿음이 필요하다.

나 역시 당신에게 똑같이 묻겠다.

"하나님이 당신의 삶에서 치유의 위로를 베풀어주시기를 정말 원하십니까?"

만약 당신이 그렇다고 대답한다면, 다음과 같이 묻고 싶다.

"영적으로 강해지기 위해서 그리고 영양분을 공급하고 활기를 북돋아주는 하나님의 말씀의 진리를 의지하기 위해서 기꺼이 그렇게 하겠습니까? 고통을 하나님께 맡기고 하나님께서 치유의 과정을 시작하시도록 선택하겠습니까?"

정직하게 자신에게 묻기 바란다.

"내가 정말 두려워하는 것이 뭐지? 왜 나는 치유받기를 거부하려고 할까?"

나의 경험과 다른 사람들에게 들은 생각들을 기초로 몇 가지 예를 제시해보겠다.

- 그 사람을 기억에서 잊을까 봐 두려워.
- 내 잘못이야. 죄책감이 느껴져.
- 나는 치유받을 자격이 없어.
- 환경에 적응하지 못하는 사람이거나 혹은 늘 예전보다 못한 인간이라는 느낌이 들어.
- 하나님이 공평하신 분이라고 생각하지 않아. 하나님을 신뢰하지 않아.

여기서 나는 무례함을 무릅쓰고 좀 더 깊이 파고 들어가 철저하게 몇 가지 질문을 더 하라고 권하고 싶다.

- 나는 다른 사람들이 나에게 느끼는 연민과 동정을 좋아하는가?
- 그 비극적인 사건 때문에 내가 주목받는 것이 위로가 되는가?
- 내가 피해자라는 점을 마음 편히 받아들이는가?
- 나는 정말 낫기를 바라는가?

당신이 섬세하거나 사려 깊게 들리지 않는다고 생각할지도 모르겠지만, 비밀 하나를 말해주겠다. 그 비밀이 진리이기 때문이다. 슬퍼하는 과정은 당신을 죽이지 않으며, 슬퍼하기 이전보다 더 낫게 만들 수 있다는 점이다!

슬픔에 관한 그 무엇도 유쾌하거나 편하지 않다는 점은 나 역시 동의하는 바이다. 우리 모두는 언제나 가장 쉬운 진로를 계획하기 때문에 슬퍼하는 과정을 건너뛰는 쪽을 선택할 것이다. 그러나 우리 힘으로 바꾸지도 못하고 피하지도 못할 폭풍에 휩쓸릴 때, 우리가 당연히 배워야 할 아름다운 교훈이 있다. 보물은 사실 측량하지 못할 가치를 지닌 어둠에 있다는 것이다. 이것에 대해 다윗은 "밤에 부른 노래를 내가 기억하여"(시 77:6)라고 표현했다.

밤에 부르는 노래들은 종종 침울한 단조이다. 밤에는 낮은 목소리로 노래하고, 고뇌와 진통을 겪으며 눈물을 흘리기도 한다. 대개 밤에 부르는 노래는 구슬프거나 침통한 가락으로 시작되는데, 우리가 밤에 상심한 마음으로 노래를 부르면 아버지는 그 어둠으로 가까이 오셔서 함께 노래하신다. 그때 침울한 곡조가 아버지의 임재 안에서 서서히 더 희망적이고, 더 밝아지게 된다.

하나님은 어둠 가까이에 계시며, 하나님의 임재는 그런 어두운 환경을 압도한다. 그분은 우리 곁에서 위로와 위안을 주신다. 다른 곳 어디에서도 하나님의 사랑과 보살핌을 그렇게 직접적으로 체험하지는 못할 것이다. 하나님의 임재가 나의 고통보다 더 중요하게 되면서, 밤에 부르는 나의 노래를 찬양의 노래로 고쳐 쓰게 되었다. 그리고 어두운 밤을 이겨내게 해주신 그분께 찬양의 노래를 올리기 시작한다.

"저녁에는 울음이 깃들일지라도 아침에는 기쁨이 오리로다"(시 30:5).

슬픔과 슬픔이 겹쳐 쓰라린 시련의 오솔길을 걷던 욥은 이렇게 말한다.

"어두운 가운데에서 은밀한 것을 드러내시며 죽음의 그늘을 광명한 데로 나오게 하시며"(욥 12:22).

어둠을 두려워하지 말고 계속 앞으로 나아가라고 격려하고 싶다. 당신의 구명장비 상자 속에 손을 뻗어서 빛을 꺼내 들어라. 하나님의 말씀이 사탄의 거짓말을 압도하는 진리가 된다는 사실을 믿기로 결단하라. 믿음을 작동시켜라. 어둠 속에서는 듣는 능력이 더 강해지고 청각은 더 예민해진다. 하나님을 바라보고 하나님의 변함없는 사랑을 상기시키는 하나님의 작고 고요한 음성에 귀를 기울이기 바란다. 그리고 이 말씀을 되새겨보라.

"내가 확신하노니 사망이나 생명이나 천사들이나 권세자들이나 현재 일이나 미래 일이나 능력이나 높음이나 깊음이나 다른 어떤 피조물이라도 우리를 우리 주 그리스도 예수 안에 있는 하나님의 사랑에서 끊을 수 없으리라"(롬 8:38-39).

하나님과 함께 걷는 발걸음 Your steps with God

당신 인생길에 놓인 함정들(당신이 믿은 거짓말들)을 열거하고 사탄의 입에서 나온 거짓말들을 하나님의 말씀의 진리로 바꿔라. 현재 인생의 폭풍을 지나고 있다면 일기를 써라. 거기에 밤의 노래를 기록하라. 그리고 기쁨이 온다는 사실을 떠올려라.

Chapter 9

내 영혼의 위로자 ;

나의 고통을 다 아신다

제임스가 세상을 떠나고 며칠간 우리 집에서 있었던 모든 토론과 계획과 결정과 활동들도, 남편과 나를 보살피며 슬픔을 나누던 사람들의 발걸음도 차츰 줄어들었다. 세 딸도 도심 외곽에 위치한 각자의 집으로 돌아갔다. 우리 집은 이전처럼 조용하고 정리된 상태를 되찾았다. 그러나 내 내면은 조용하거나 정리된 느낌이 들지 않았다.

어느 날 밤, 배가 뒤틀리고 아프고 어지러워 침대에 누워 있을 때였다. 심장이 빛의 속도로 뛰기 시작했고 불안감과 공포심이 나를 압도했다. 거대한 해일이 밀려오는 듯한 느낌에 당장 일어나서 필사적으로 도망치지 않으면 안 될 것 같았다. 무언가 불쾌한 일이 일어나기 직전이었기 때문에 나는 곧바로 일어나서 집 안 반대편으로 갔다. 그러자 내 존재 가장 깊숙한 곳 미지의 동굴에서 내 목소리인지 아닌지 모를 거친 신음과 통곡이 솟구쳐 올라왔다. 나는 이 감정의 깊이와 슬픔의 위력을 깨닫자 더럭 겁이 났다. 바닥이 보이지 않는 깊고 어두운 구덩이로 미끄러지기 시작하는 것처럼 느껴졌다. 다시는 돌아오지 못할 곳으로 추락하는 것만 같았다. 솔직히 말하면, 내가 과연 살아남을 수 있을지 알지 못했다.

얼마 동안 나는 슬픔의 고통에 흠뻑 젖어 있었고, 집에 마련한 작은 사무실로 가서 내가 해야만 한다고 생각한 일을 했다. 나는 성경을 집어 들고 울부짖었다.

"주님, 이 아픔을 견디지 못하겠습니다. 그래도 견뎌야 한다면 저를 위해서 역사해주세요."

여호수아서를 펴자 다음과 같은 말씀에 시선이 쏠렸다.

"강하고 담대하라 두려워하지 말며 놀라지 말라 네가 어디로 가든지 네 하나님 여호와가 너와 함께하느니라"(수 1:9).

앞에 무엇이 있는지, 슬픔의 여정 가운데 어떤 일들이 일어날지 전혀 알지 못했다. 요단강을 건너서 가나안으로 들어가는 여호수아처럼 나 역시 한 번도 그런 길을 가본 적은 없었다. 그러나 나는 그

길에 파괴와 우울과 절망의 지뢰가 가득 묻혀 있을 거라고 확신했
다. 견디기 어려운 슬픔과 비통의 발작이 언제 또 겉으로 드러날지
전혀 알 길이 없었다.

'제임스가 세상을 떠난 날부터 지금까지 그랬던 것처럼 정상적인
것이 하나도 없는 삶을 살게 되면 어쩌지? 제임스를 잃은 일만 생각
나면 어쩌지? 평정심을 회복하지 못하면 어쩌지?'

나는 의자에 털썩 주저앉아 덜덜 떨면서 말씀을 읽었다.

"네가 어디로 가든지 네 하나님 여호와가 너와 함께하느니라."

하나님께서 매우 조용하게 내 영에 말씀하셨다.

"나는 이 여정의 모든 단계들을 안다. 모든 복병들이 어디에 매복
해 있는지 알고 있어. 네 하나님 여호와는 슬픔의 길을 걸어보았다.
이 길에는 나를 깜짝 놀라게 할 요소들이 아무것도 없단다."

나는 성경책 가장자리에 '2010년 10월, 슬픔의 여정이 시작됨'이
라고 표시했다. 여호수아서의 그 말씀을 기념비로 삼고 수시로 읽
기로 마음먹었다. 그때 작고 고요한 음성이 내 마음에 속삭였다.

"잰, 나는 네가 사망의 음침한 골짜기를 잘 지나갈 수 있도록 이
끄는 너의 전속 여행 안내원이야. 나와 함께하면 너와 네 모든 삶이
안전하단다."

나는 평온한 확신을 얻고 침대로 돌아가 아침까지 곤히 잘 수 있
었다. 당시에는 전혀 알아차리지 못했지만 치유의 여정이 시작된 것

이었다. 처음으로 하나님의 임재와 능력이 내 상실의 고통과 슬픔을 이기고 역사해주신 일이었다. 나는 내가 어디로 가든지 함께하시겠다는 하나님의 말씀의 약속을 내 영에 뚜렷하게 새겼고, 천천히 그러나 확실하게 힘을 얻었으며, 기쁨이 회복될 것을 바라보게 되었다.

상한 심령이 치유되고 회복되려면 다른 사람들의 세심하고 친절한 보살핌이 필요하다. 이렇듯 상한 심령을 가진 누군가의 치유와 회복을 돕기 위해서는 슬픔의 여러 증상에 대해 세심하게 마음을 써야 하고 그런 사람을 인내심을 가지고 대해야 한다. 상한 심령에 연민의 약을 꾸준히 먹이면 회복의 속도가 빠르고 힘을 북돋는 데 유익하다. 각 사람의 마음의 고통이 다른 만큼 치유를 향한 길도 다르다. 그러나 모든 상한 심령에 대한 궁극적인 예후(prognosis)는, 하나님께서 우리가 견뎌낼 수 있도록 도우실 뿐 아니라 우리가 잘 성장할 수 있다는 매우 실제적인 소망을 내놓으신다는 진리이다.

우리가 슬픔의 길을 갈 때 우리 가족과 친구들은 다양하고 자상하게 표현하면서 서로를 위로한다. 어떤 사람들은 꽃과 카드와 쪽지와 음식을 보내고 자신의 이야기를 들려준다. 제임스가 세상을 떠났을 때 친정어머니는 나를 직접 봐야겠다고 하셨고, 그래서 오빠들이 연로한 어머니를 모시고 곧장 달려왔다. 내가 괜찮은지 직접 확인하고 싶으셨던 것이다.

친구들

친구는 슬픔의 길을 통과해 나갈 때 이해와 위로의 중요한 원천이 되기도 한다. 욥기를 자세히 읽어보면 친구들의 역할이 얼마나 중요한지 깨닫게 된다. 자, 욥의 세 친구들에게서 무슨 교훈을 얻을 수 있는지 살펴보자.

그때에 욥의 친구 세 사람이 이 모든 재앙이 그에게 내렸다 함을 듣고 각각 자기 지역에서부터 이르렀으니… 그들이 욥을 위문하고 위로하려 하여 서로 약속하고 오더니 눈을 들어 멀리 보매 그가 욥인 줄 알기 어렵게 되었으므로 그들이 일제히 소리 질러 울며… 밤낮 칠 일 동안 그와 함께 땅에 앉았으나 욥의 고통이 심함을 보므로 그에게 한마디도 말하는 자가 없었더라 욥 2:11-13

사랑은 행동이다. 사랑은 고통의 근원지를 향해 가도록 자극한다. 내 친구 줄리는 나를 위해 직접 쑨 죽을 그릇 가득 따라주고, 그 위에 향이 좋은 로즈메리 잎을 뿌려주면서 눈물을 글썽이며 말했다.

"로즈메리가 기억에 좋대."

제임스에 대한 기억을 함께 나누고자 한 줄리의 세심함에 나의 고통이 사그라들었다.

욥의 세 친구들에게(적어도 그들이 도착했을 때 보인 행동에서) 배운

점이 있다. 그들에게는 욥의 짐을 덜어주거나, 욥이 슬픔의 과정을 빨리 지나갈 수 있도록 해주는 말이나 행동이 전혀 없었다. 그들은 그저 앉아서, 머물렀고, 침묵했다. 욥의 곁에 있는 것만으로 그들의 측은함과 위로를 표현했던 것이다.

우리는 종종 상처를 입은 친구에게 무슨 말을 해야 할지 모르거나, 혹은 말실수를 할까 봐 두려운 나머지 친구를 피하기도 한다. 한번은 평소에 잘 알고 지내는 어떤 친구가 할인매장에서 나를 보았는데도 불구하고 어떤 말이라도 해야 하는 상황을 피하기 위해 나를 못 본 척하고 돌아서는 것을 보았다. 그 모습에 나는 내가 마치 돌연변이나 그와 비슷한 무언가가 된 것처럼 느껴졌다. 그러나 나는 곧 그가 가슴 아프지만 아직 말을 건넬 준비가 되어 있지 않아서 그랬다고 이해했다. 내 경험으로 보면 슬픔에 빠진 사람 곁에 있어주는 행동은 강력한 관심의 표현이며 침묵은 금이다. 욥의 친구들이 계속해서 침묵하지 않았다는 점이 매우 안타깝다. 리고 나 역시 어려움을 당한 친구를 찾아갔을 때 그렇게 하지 못했던 것이 후회가 된다.

당신이 슬픔에 빠진 사람 곁에 있어주는 그 불편하고 어려운 일이 중요하다는 것을 믿어라. 그 사람의 상황을 설명하고 변화시키거나 문제 해결을 위해 무언가 말해야 한다는 책임에서 자유롭게 되기를 소망한다. 욥의 친구들이 욥에게 하나님과 욥 자신을 원망하라고 재촉한 그 순간, 욥은 그들이 침묵했을 때보다 훨씬 더 큰 상처를 주었다. 친구들은 어려움을 당한 사람을 찾아갈 때와 떠날 때를 알아야 한다.

배우자와 가족

가족은 슬픔에 빠진 사람에게 가장 가까운 위로의 원천이 되기도 한다. 하지만 그들이 슬픔의 원인을 바로잡을 능력이나 책임을 갖고 있지는 않다. 인생을 함께 살아가는 부부는 서로에게 어떤 위로의 원천이 되어야 하는지 이해하고 깨달아야 한다. 하지만 두 사람이 똑같은 속도나 방식으로 슬픔의 단계를 통과해 나갈 것이라는 생각은 부당하고 비현실적이다. 나는 남편과 내가 얼마나 다른지, 개인적으로 슬퍼하거나 그것을 지지하는 행동이 얼마나 필요한지 계속 떠올렸다. 남편과 나는 깊은 상실을 함께 겪었지만 그럼에도 불구하고 그 상실은 서로에게 독특하고 개인적인 아픔이었다.

세 딸들은 더없이 훌륭했다. 딸들은 슬픔 속에서도 기품을 잃지 않기 때문에, 남편은 딸들에게 미녀 삼총사라는 별명까지 지어주었다. 그들은 젊은 여성이었지만 나이가 무색할 정도로 성숙하고 강인한 태도를 보여주었다. 그때 얻은 가장 큰 교훈이 있다. 내가 딸들이 겪는 슬픔의 과정을 관리하거나 결정해주지 못한다는 것이다. 그들 제각기 오빠를 보는 관점이나 오빠와의 관계도 달랐기 때문에 개인적으로 슬퍼할 수 있도록 가만히 두어야 했다. 나는 엄마로서 한동안 팽팽한 긴장감으로 마음이 불안했고, 딸들이 심적으로 어떤 일들을 겪고 있는지 알아야 한다는 책임감을 느꼈다. 딸들이 상처받지 않도록 막아주고 싶었다. 그러나 그것은 내 능력으로 할 수 없다는 것을 점차 인정해야 했다. 그래서 나는 딸들의 상한 마음을 치유하실 수 있는 유일한 분께 맡겼고, 딸들이 모든 아픔을 예수님께 맡기게 해달라고 기도했다. 예수님은 신실하셨고, 내 딸들은 이전보다 더 깊고 지혜로워졌다. 지금 나의 딸들은 가족들에게 더 열심이고 예수님을 아는 지식과 예수님의 은혜 안에서 성장하는 일에 이전보다 더 전념하는 중이다.

교회 가족들

내 말을 믿어라. 아직 가까이 지내는 교회 가족이 없다면 반드시 찾기 바란다. 인생의 어느 시점엔가 그들이 당신에게 필요할 뿐만 아니라 그들에게도 당신이 필요할 것이기 때문이다. 가장 중요한 사실은, 예수님은 예수님의 자녀들이 예수님의 몸의 지체가 되기를 원하신다.

교회 가족은 종종 우리를 지켜주는 첫 번째 방어선이 되고 슬픔의 여정 초기에 안내 방송 역할을 한다. 남편이 제임스의 소식을 듣고 나에게 알리기 위해 집에 온 뒤 가장 먼저 전화한 사람이 우리 교회 목사님이었다. 목사님과 사모님은 1시간도 지나지 않아 우리 집으로 달려왔고, 우리는 함께 울고 이야기하고 기도했다. 그 분들은 누구에게 전화할지, 처음에 무엇을 해야 할지, 어떤 준비를 해야 할지, 그다음 며칠 동안 어떤 행동 조치들이 필요한지 등 남편과 나를 적극적으로 도와주었다.

목사님뿐만이 아니다. 그로부터 몇 개월간 우리와 가까운 곳에 살든 먼 곳에 살든 그리스도의 몸 된 지체가 기도하고 위로하며 우리를 지탱해주었다. 내가 속한 성경공부 모임의 회원들 몇 사람은 몇 주일 동안 음식을 가져왔고 다른 사람들도 종종 방문하거나 전화를 해왔다. 한 사람의 아름다운 행동은 언제나 소중한 기억으로 남기 마련이다. 제임스의 1주기 날에 집에 돌아와보니 정성스럽게 포장된 초콜릿 바구니가 문 앞에 놓여 있었다. 씁쓸하면서 달콤한 초콜릿이었다. 그날은 정말 씁쓸하고 달콤한 날이었다. 우리 가족은 제임스를 잃었지만 제임스는 수많은 사람들의 기억에 영원히 남았다.

이 모든 일들이 필요하고 아름답지만, 그 무엇도 지속적인 평화와 안식은 주지 못할 것이다. 우리를 위로하는 지속적인 원천은 하나다. 우리의 가장 깊은 필요를 아시는 분은 오직 한 분뿐이시기 때문이다.

"어떤 친구는 형제보다 친밀하니라"(잠 18:24)라는 말씀이 있다. 이 구절에서 친구는 예수님이다. 예수님은 진정으로 우리의 존재 가장 깊은 곳의 부르짖음을 만족시키는 방법을 아시는 분이다. 예수님의 영은 위로자(Comforter)이며 그 무엇도 예수님의 깊고 지속적인 임재를 대신하지 못한다. 우리 안에 살아 계신 예수님의 영은 우리의 깊은 곳으로부터 우리를 채워주실 수 있다.

"모든 지각에 뛰어난 하나님의 평강이 그리스도 예수 안에서 너희 마음과 생각을 지키시리라"(빌 4:7, NKJV 영어성경은 '지각'을 '이해'라고 표현한다. - 역자 주).

하나님의 평화는 이해할 때 오는 것이 아니다. 이 점을 주목하라. 하나님의 평화는 우리 질문의 대답에 대한 이해와 하나님의 영원한 지혜와 길에 대한 제한적 파악을 뛰어넘고 초월한다. 하나님의 평화는 우리가 이해하고 파악하는 부분보다 훨씬 더 크다.

"우리가 받는 위로도 그리스도로 말미암아 넘치는도다"(고후 1:5).

애통함 안에 있는 축복

제임스가 세상을 떠나고 몇 주가 지났을 때 친구 웬디가 전화를 했다.

"당신을 위해서 계속 기도해왔는데, 주님이 당신에게 전하라며 말씀을 주셨어요."

나는 귀를 쫑긋 세우고 그 말을 경청했다. 웬디가 기도할 때 하나님께서 그 친구에게 말씀하시기 때문이다! 하나님께서 내 삶 가운데 들어 쓰신 기도하는 사람들, 자상한 사람들 그리고 나를 위해서 하나님 음성에 귀 기울인 그 사람들의 자발성으로 인하여 하나님을 찬양한다. 나도 당신의 삶에서 그런 사람이 되고 싶다. 우리는 서로서로 하나님께 이르도록 도우면서 살아야 한다. 나는 하나님께서 우리가 그런 삶을 살기를 바라신다고 믿는다.

웬디가 말했다.

"잰, 애통함 속에 당신을 위한 축복의 약속이 있어요. 내가 그 사실을 당신에게 일깨워주기를 주님이 원하신다고 믿어요. 애통하는 과정을 성급하게 해치우지 마세요. 건너뛰거나 피하지 마세요. 하나님께서 애통하는 행위 안에 매우 구체적인 축복을 갖고 계시기 때문이에요."

웬디는 예수님의 말씀에 근거해서 조언하고 있었다.

"애통하는 자는 복이 있나니 그들이 위로를 받을 것임이요"(마 5:4).

앞서 말했듯 사람들이 당신에게 무언가 충고할 때 그 조언의 출처가 어디인지 유념해야 한다. 한 번 더 내가 애통하고 슬퍼할 수 있도록 해준 모든 이들에게 감사의 뜻을 전하고 싶다. 내가 하나님의 진리와 보살핌 안에서 날마다 위로를 받는다고 선언할 수 있는 비결은 애통하고 슬퍼하기 때문이다.

하나님은 위대한 의사이시다. 하나님께서는 모든 사람들을 위한 완벽한 식이요법을 갖고 계신다. 영적으로 건강해질 수 있는 기회를 누구에게나 주신다. 그러나 영적으로 건강해지려면 하나님의 일에 쓸데없이 참견하기를 그치고, 말하기 대신 듣기를 시작하고, 하나님께서 치유하시도록 허락해야 한다. 병든 몸을 치료받을 때 참고 견뎌야 하는 불편한 시기가 있다. 고통을 참아야 하고 시간이 걸린다. 시간은 치유의 과정에 대단히 중요한 일부이다. 사람들은 "시간이 약이다"라고 말한다. 그러나 사실대로 말하면 하나님께서 치유해주시기 위해 시간을 사용하시는 것뿐이다. 우리는 치유의 과정이 얼마나 걸릴지 마음대로 결정하고 싶어 하지만, 하나님께서는 "내가 말하기 전까지는 치유가 끝난 것이 아니야"라고 말씀하신다. 그분은 우리에게 딱 맞는 때, 우리가 준비된 때, 우리에게 가장 좋은 때, 우리에게 필요한 때를 아신다. 폭풍 속에서 하나님을 의지할 때 우리의 시간은 하나님의 손에 있다.

여호와여 그러하여도 나는 주께 의지하고 말하기를 주는 내 하나님 이시라 하였나이다 나의 앞날이 주의 손에 있사오니 내 원수들과 나를 핍박하는 자들의 손에서 나를 건져주소서 주의 얼굴을 주의 종에게 비추시고 주의 사랑하심으로 나를 구원하소서 시 31:14-16

슬픔의 여정의 모든 단계가 하나님께서 힘을 부어주시고 다음 발걸음을 준비시켜주시도록 믿고 따르게 하는 기회이다. 하나님께서는 그 과정에서 우리와 함께하신다. 일종의 재활병원에 입원했다고 상상하면서 고통스러운 재활 훈련들을 하나하나 할 때마다 당신의 손을 붙잡고 은혜와 능력을 주시는 예수님의 모습을 그려보라.

"내 은혜가 네게 족하도다 이는 내 능력이 약한 데서 온전하여짐이라"(고후 12:9).

치유 과정의 아름다움

슬픔의 여정에 있는 모든 단계들이 우리를 목적지로 데려간다. 어쩌면 당신은 의아해할지 모른다.

"내 인생이 완전히 붕괴되었는데, 대체 목적지가 어디일까?"

나는 평화의 장소에 이르러 슬픔과 상실을 가지고 쉬는 삶이 슬픔의 목적지라고 믿는다. 치유의 목적은 이전 삶의 방식을 복구하는 것이 아니다. 만약에 당신이 "모든 일들이 절대로 예전 같지는 않을 거예요"라고 말한다면 그 말은 옳다. 아픔을 하나님께 맡기고 하나님의 손이 영광스러운 보상을 해주실 것을 신뢰하라. 그럴 때 당신은 변화를 체험하면서 아름다운 축복과 의미심장한 가능성을 발견하게 될 것이다.

예수님보다 고난과 고통을 더 잘 알고 이해하거나 더 밀접하게 관련된 사람이 과연 있을까? 다음 말씀을 읽을 때 예수님이 우리의 슬픔의 여정에 동행하신다는 확신을 얻을 것이다.

> 그는 멸시를 받아 사람들에게 버림 받았으며 간고를 많이 겪었으며 질고를 아는 자라… 그는 실로 우리의 질고를 지고 우리의 슬픔을 당하였거늘 우리는 생각하기를 그는 징벌을 받아 하나님께 맞으며 고난을 당한다 하였노라 사 53:3,4

예수님은 당신의 고통의 깊이와 슬픔의 무게를 완벽하게 알고 계신다. 기억하라. 예수님은 이미 당신보다 앞서 가셨다. 그분은 이미 당신의 죄와 아픔을 지고 십자가로 가셨기 때문에 당신이 겪는 슬픔을 아신다. 우리가 부서지고 우리의 삶이 세상의 죄의 영향으로 산산조각 난다는 사실 또한 우리가 존재하기도 전에 아셨다. 질병이 우리에게 빼앗아가는 것들, 고 고생스럽고 불편한 일로 우리의 날들을 벌집처럼 만들 것도, 우리가 거부당하고 배신당하고 버려져서 상처 입을 것도 알고 계셨다.

예수님은 우리의 깨어진 약속과 부서진 꿈을 모두 취하여 그 파편들을 우리 대신 십자가로 가져가셨다. 그리고 우리가 서야 할 그 자리에 대신 서시고, 우리가 받아야 할 죽음을 대신 받아 십자가에서 죽으셨다.

그가 찔림은 우리의 허물 때문이요 그가 상함은 우리의 죄악 때문이라 그가 징계를 받으므로 우리는 평화를 누리고 그가 채찍에 맞으므로 우리는 나음을 받았도다 사 53:5

우리 삶의 가장 구석진 곳까지 손을 뻗으시는 예수님, 사람들의 아픔과 슬픔을 모두 감당하신 예수님, 그래서 그 모든 것들을 자신의 해(害)로 삼으시는 예수님의 모습을 그려보라. 내가 아들을 잃은 날, 예수님의 마음도 무너졌고, 아들의 죽음으로 바뀌어버린 세상에서 살아가는 법을 배워나갈 때, 예수님도 나와 함께 슬퍼하셨다.

그렇게 예수님은 우리를 많이 사랑하신다. 우리를 치유하시는 가장 강력한 수단은 하나님의 사랑이다. 하나님께서는 당신의 인생을 구원하고 당신에게 더 풍성한 삶을 주기 위해 오셨다. 하나님의 사랑은 지금 당신의 인생을 회복시킬 수 있다. 비록 당신이 해를 당해도 예수님은 그것을 온전하게 치유하실 수 있다.

때로는 알아차리지 못하겠지만 영적, 정서적으로 서서히 힘을 얻을 것이다. 발걸음이 점점 더 강해지고 에너지가 생길 것이다. 물론 회복되기까지 시일이 걸리겠지만, 당신은 예수님께 기대어 쉬려고 발걸음을 멈추는 행동의 귀한 가치를 안다. 예수님께 손을 뻗을 때마다 예수님은 위로하고 보살피시면서 포근하게 감싸주신다. 언제 내가 모자람 없이, 완벽하게, 완전히 치유될지는 모른다. 그런 날이 오지 않을지도 모른다. 그러나 치유하시는 분의 지속적인 위로가 나에게 치유 자체보다 더 큰 의미를 준다는 점은 나는 잘 알고 있다.

하나님과 함께 걷는 발걸음 Your steps with God

하나님께서 당신을 위로하고 보살피시려고 들어 쓰셨던 사람들의 명단을 작성하라. 아무리 오래전 일이라고 해도 감사의 전화를 하거나 편지를 전하라.

당신이 위로할 수 있는 사람들의 명단을 작성하라. 그 사람들을 위해서 기도하고 실제로 구체적인 친절을 베풀라. 편지나 문자를 보내고, 전화하고, 사려 깊은 안부를 전하고, 다시 기도하라.

당신의 슬픔을 짊어지시고 십자가에서 사랑을 공급하시는 예수님께 감사드려라.

LIFE AFTER THE STORM

Part 3

폭풍이 지나간 후의
삶

우리가 폭풍 이후에 어떤 삶을 마주할지,
우리가 맞이할 새로운 일상이 어떤 모습일지는 하나님만 알고 계신다.
하나님은 기다림의 시간을 통해 우리를 준비시키기 원하신다.

Chapter 10

기다림의 시간;

새로운 세상 밖으로 나가라

제임스가 하늘로 떠난 지 2년째 되는 그해 초가을, 제임스의 초등학교 선생님이었던 분에게 이메일을 받았다. 그녀는 남편과 내가 오래전에 섬겼던 지역 교회에서 여성 사역에 힘쓰고 있었는데, 이듬해 봄에 열릴 봉사 행사에서 내 이야기를 강연해달라는 것이다.

나는 그녀에게 전화해 고마움을 표시하고 기도해보겠다고 대답했다. 그러나 전화를 끊자마자 아랫배가 묵직해지며 불안감이 들었다. 내 영이 거부하는 듯 느껴졌다. 그녀에게 기도해보겠다고 했지만, 솔직히 주님이 "아니, 지금은 아니야"라고 분명히 말씀해주시면 좋겠다고 생각했다.

폭풍이 한번 휩쓸고 지나가면 분명 손상되고 파괴된 잔해들이 남는다. 눈보라가 몰아친 뒤에는 눈이 가득 쌓이고, 토네이도가 지나간 뒤에는 허리케인이 뒤따르고, 폭우가 쏟아진 뒤에는 강과 시내에 홍수가 일어난다. 폭풍이 중단되어도 잔해들은 오랫동안 남는다.

처음으로 홍수가 세상에 무시무시한 영향을 미쳤을 때 노아는 비가 그친 뒤에도 오랫동안 방주 안에 머물렀다. 구약을 연구하는 사람들은 노아가 방주 문을 닫았을 때부터 창밖의 마른 땅을 보았을 때까지 377일 정도 걸렸다고 계산한다. 노아는 방주 안 그 매우 비좁은 공간에서 가족들, 동물들과 함께 갇혀 지내며 기다리고 또 기다렸다.

우리는 기다림을 지루하고 무익한 시간이라고 여기고 종종 피한다. 그러나 하나님과 함께 기다리는 시간은 활동적이고 생산적이다. 치유는 안쪽에서 바깥쪽으로 일어나는 과정이다. 노아는 지표면을 보고 밖으로 나가도 된다는 표시로 여길 수 있었다. 우리 또한 얼굴만 보면 인생의 폭풍이 걷힌 듯 보일지도 모른다. 그러나 진정한 치유는 시간을 두고 주목하면서 적절한 관심을 쏟아야 일어난다. 노아는 비가 그친 뒤에도 오랫동안 방주 안에 머물렀다. 방주 안에서 해야 할 일이 있었다.

마침내 노아는 까마귀와 비둘기를 날려 보냈다. 까마귀와 비둘기는 하나님의 더 큰 계획 속에 있는 한 가지 목적에 기여를 했다. 청소부 동물인 까마귀는 쓰레기와 잔해들을 먹고 살 수 있었다. 따라서 까마귀가 돌아올 경우 노아는 아직 자신과 가족을 위한 새 창조가 준비되지 않았다는 것을 알 수 있었다. 반면, 가장 순수한 동물인 비둘기는 새로운 세상이 드러나야 비로소 둥지도 짓고 먹이도 찾는다. 물이 다 빠지고 하나님이 밖으로 나가도 된다는 신호를 기다리는 동안, 노아는 하나님의 일과 하나님의 뜻을 지켜보고, 경청하고, 분별해야 했다.

기다림의 시간은 고요하다. 하나님께서 노아에게 말씀하지 않으셨을 때 노아는 조금도 움직이지 않았다. 하나님이 방주 안에 가두셨으니 언제 밖으로 나가는지도 알려주실 거라는 결론에 도달했을 것이다. 노아는 기다림의 시간에 한층 더 높은 수준의 신뢰와 인내를 배웠다.

우리는 삶이 다시 정상으로 돌아가기를 기다리면서 초조해하고 불안해한다. 그러나 우리가 폭풍 이후에 어떤 삶을 마주할지, 우리가 맞이할 새로운 일상이 어떤 모습일지는 하나님만 알고 계신다. 하나님은 기다림의 시간을 통해 우리가 다음 발걸음을 잘 내디딜 수 있도록 훈련시키고 준비시키기 원하신다. 따라서 하나님이 그 시간을 그런 목적으로 사용하실 수 있도록 우리가 믿고 따르는지 꼭 확인해야 한다. 기다림의 시간은 하나님 말씀의 치유의 능력을 성령을 통해 활발하게 받을 수 있는 기회이다.

노아는 비둘기가 감람나무 잎사귀를 물고 돌아왔을 때, 즉 물이 빠지고 땅이 드러났다는 증거를 얻은 뒤에 새로운 세상이 준비되었다는 것을 알았다. 그러나 그때도 비둘기를 다시 날려 보냈고 앉을 곳을 발견해서 돌아오지 않을 때까지 기다렸다. 노아가 회복된 세상에 안전하게 돌아오도록 하나님께서 길을 준비해주고 계셨다.

기다림의 시간은 당신이 당신을 위한 하나님의 새로운 세상에 안전하게 이르도록 하나님께서 준비시켜주시는 시간이다. 이것을 믿어라.

나의 감람나무 잎 기다리기

하나님께서는 우리가 준비되었을 때 밖으로 나가라고 명하신다. 그럴 때 기꺼이 나가겠는가? 아니면 감람나무 잎을 처음 볼 때, 즉 땅이 회복되었고 하나님께서 준비하신 삶이 드러나고 있다는 표시를 처음 볼 때, 내가 그랬듯 발을 질질 끌면서 저항하겠는가?

"하나님이 노아에게 말씀하여 이르시되 너는 네 아내와 네 아들들과 네 며느리들과 함께 방주에서 나오고"(창 8:15,16).

기억하라. 노아는 새로운 세상을 마주했지만, 그 세상이 어떤 모습일지는 전혀 알지 못했다. 우리 또한 폭풍이 지나고 우리가 마주할 새로운 세상이 어떤 모습일지 전혀 알 수가 없다.

비가 그치고 점점 물이 빠지면서 나를 보호하기 위해 숨었던 장소가 더 이상 생존에 필요하지 않다는 신호를 보낸다. 노아에게 방주가 생존에 필요하지 않게 된 날이 왔던 것처럼, 지금 폭풍 대피소로 삼고 있는 장소가 필요하지 않게 될 날이 올 것이다. 미지의 세계는 두렵다. 그래서 비록 폭풍에 신물이 나고 슬픔에 갇혀 지내는 삶에 지쳤을지라도, 일상 밖으로 발걸음을 내딛고 하나님을 신뢰하기보다 친숙한 일상을 계속 유지하는 편이 더 쉽고 편안하다고 느껴지기도 한다.

변화가 너무 두려운 나머지 당장 마주하지 못할 것 같은가? 그렇지만 현재 있는 곳에 계속 남고 싶은 유혹이 든다면, 어떻게 밖으로 나가야 할 때를 알겠는가? 당신을 위로하고 보호하던 친숙한 방식이 더 이상 적절하지 않을 때가 밖으로 나가야 할 때임을 알아야 한다. 그런 상황이 당신의 삶에서 어떻게 나타날 수 있는지를 보여주는 몇 가지 실제적인 사례들을 살펴보자.

- 인간관계들이 경직되고 변형된다. 주변 사람들이 당신을 대하면서 점점 지친다.
- 점점 더 세상을 등진다. 다른 사람들로부터 고립된 느낌과 다른 사람들에게 무관심하다는 느낌이 커진다.

- 인생의 폭풍에 압도되어 일차원적인 삶을 산다.
- 다른 사람들과의 관계와 다른 사람들에 대한 관심이 소멸했다는 사실은, 삶에 흥미를 잃고 과거에 상실했던 것에 온통 정신을 빼앗기고 있다는 점을 지적한다.

나는 인생의 폭풍이 지나갔다고 알았을 때 누군가가 나의 내면 깊은 곳에 있는 샘을 막은 것처럼 느껴졌다. 느리지만 지속적으로 슬픔이 물러가고 있었다. 빛이 언뜻 보였고 영에 불어오는 산들바람이 어렴풋이 느껴졌다. 폭풍이 그치면 인생의 대기가 문자적으로, 영적으로 바뀐다. 나는 폭풍 이후의 고요함에 들어가기 직전이었다. 인내심을 갖고 삶의 지평선을 주시했고, 나에게 성경 말씀으로 말씀하시는 하나님의 음성에 귀 기울였다.

그 시기에 나는 하나님께서 나를 위해 준비해두신 다음 발걸음을 보여주시도록 계속해서 하나님께 손을 뻗으며 마음과 생각을 열었다. 그때 내가 다른 사람이 되었다는 사실을 알게 되었다. 폭풍이 내 삶에 일으킨 변화가 언제 어디서나 명백하게 드러났다.

내가 미지의 세계로 향하는 문간에 서 있을 때, 하나님이 말씀하셨다.

"잰, 밖으로 나가라."

앞서 말했듯 나는 강연을 해달라는 초청을 받았고 그것을 위해 기도했다. 그때 주님은 내가 초청에 응하고 싶어 하지 않는 이유에 대해 밝혀주셨다. 그런데 그 이유에 '왜'라는 단어가 다시 등장했다. 그 단어는 슬픔의 길을 가는 동안 종종 수면 위로 떠오를 것이다. 그러나 우리가 그 단어를 하나님께 맡기고, 십자가에 못 박고, 새로운 무언가를 기다리는 특권을 지녔다는 점을 기억하라.

나는 강연 요청을 받았을 때 아들을 잃은 슬픈 사건을 다시 떠올려야 하고, 하나님이 함께하신다는 것을 사람들에게 상기시켜야 한다는 점을 알았다. 물론 내가 아들을 잃었고 하나님께서 함께하신다는 것은 모두 사실이다. 그러나 나는 그런 사실들이 내 정체가 되어가고 있다는 깨달음에 집중하고 있었다. 이제 나는 슬픔을 헤치고 나가게 하시는 하나님의 능력에 대한 간증거리를 지닌 슬퍼하는 엄마로 알려지면서 남은 인생을 살게 되는 걸까? 하나님의 능력을 의지하여 슬픔을 헤치고 나가던 그 시기에도, 나는 그런 삶이 하나님께서 나에게 원하시는 삶에 미치지 못한다는 것을 알았다. 이 글을 쓰고 있는 지금, "왜 제가 그런 식으로 정의되어야 하나요?"라는 질문을 십자가에 못 박았을 때 하나님께서는 분명하고 새로운 메시지를 주셨다. 그리고 나는 하나님이 생명과 소망과 새로운 의미를 가득 채워주셨다는 사실을 깨닫고 있다.

그때 나는 하나님의 음성을 들었다.

"지금은 밖으로 나갈 때이고, 내가 너를 새로운 세상으로 인도한다는 것을 신뢰할 때다. 나의 더 많은 것들을 네게 맡기고 싶구나."

나는 하나님께서 내 삶의 상황에 맞게 마련하신 감람나무 잎사귀를 향해 손을 뻗었다. 그리고 그때가 하나님을 신뢰해야 할 때임을 알았다. 그 결과, 나는 믿음 면에서 매우 크게 도약했다. 2013년 3월 14일 저녁, 나는 대규모 청중 앞에 섰고 하나님께서 주신 새로운 메시지를 가지고 연단 앞으로 나갔다. '폭풍 이후의 삶'이라는 제목의 메시지였다. 그날은 제임스가 살아 있다면 서른 번째 생일날이었기 때문에 의미가 깊었다. 그러나 상실감에 압도되어 제임스의 생일에 집중하는 대신 생동감과 목적의식을 느꼈고, 하나님께서 마음에 심어주신 새로운 메시지 안에서 기쁨과 소망으로 충만해졌다. 나는 그날을 자축했다!

준비되었는가?

폭풍 대피소에서 밖으로 나가는 행동은 믿음의 발걸음이다. 나는 노아가 방주 문밖의 세상을 보는 것을 두려워하지는 않았을까 상상해본다. 믿음의 발걸음을 내딛을 준비가 되었는가? 지금 나는 당신이 하나님의 임재와 부르심을 알아차리기를, 하나님께서 당신을 위해 창조하신 새로운 세상으로 인도하시도록 믿고 따르기를 기도하는 중이다. 폭풍 대피소에서 그 세상으로 가는 유일한 길은

한 번에 한 걸음씩 내딛는 방법뿐이다. 나의 발걸음은 전화통화, 기도, 기다림의 시간, 더 많은 대화, 더 많은 기도, 더 많은 기다림과 관계되어 있었다.

아기가 걸음마를 배울 때 스스로 걷기 위해서는 단계를 밟아야 한다. 처음 우리의 발걸음은 불안정하고 때로는 넘어질지도 모른다. 그러나 하나님의 손이 우리를 안정되게 잡아주고 안내해주면, 느리지만 자신감이 생겨서 마침내 한 번에 한 걸음씩 앞으로 나가게 된다. 우리의 내면 안쪽부터 생명의 빛이 빛나기 시작하고 새로운 세상에 대한 희망이 솟아난다.

하나님께서는 언제나 우리 삶의 어둠 가운데 계신다. 그리고 그 어둠을 통해 우리를 새로운 곳으로 이끄시며, 그곳을 소유하기 위해 앞으로 나가도록 준비시키신다. 하나님께서는 "문을 열고 밖으로 나가라"는 부르심에 기꺼이 순종한 모든 사람들의 삶에서 그렇게 하셨다. 아브라함은 여러 민족들의 아버지가 되기 위해서 하란의 친숙하고 편안한 삶 밖으로 나와야 했다. 모세는 애굽에서 노예 생활을 하는 이스라엘 백성들을 해방시키기 위해서 광야 밖으로 나와 바로에게 말해야 했다. 에스더는 대량 학살로부터 자기 민족을 구하기 위해 궁궐에 있는 처소 밖으로 나와 왕 앞에 서야 했다. 다윗은 블레셋의 압제에서 이스라엘 백성들을 구출하기 위해 들판 밖으로 나와 골리앗을 죽여야 했다. 예수님은 우리를 죄로부터 구원하시기 위해서 이 땅에 살다가 십자가에서 죽으셨고, 죽은 자 가운데서 부활하시기 위해 하늘을 떠나 땅으로 오셔야 했다! 예수님의 제자들은 복음을 보존하고 계속 전파하기 위해서 은신처를 떠나 갈릴리에서 예수님을 만나야 했다.

우리는 하나님께서 인생의 폭풍을 통해 우리의 삶은 물론이고 우리가 영향을 미치는 사람들의 삶의 유익을 위해 사용하시도록 믿고 결단한 모든 이들의 발자취를 따르고 있다. 위에 언급한 성경과 그밖에 더 많은 사례들은 타락한 세상에서 인생의 문제들과 실망스러운 일들에 크게 얻어맞은 평범한 사람들의 이야기다. 하나님은 그런 사람들 못지않게 당신과 나를 중요하게 여기신다. 따라서 인생의 폭풍을 하나님께 맡길 때 하나님이 우리의 삶에서도 똑같이 행하기를 원하신다고 확신해도 좋다.

밖으로 나갈 준비하기

어둠 속에서는 그 무엇도 분명하게 보이지 않기 때문에 때로는 곧이곧대로 믿고 실천해야 한다. 따라서 다음 단계들을 발판으로 삼아 주님의 음성에 귀 기울이고 주님을 기다리기를 바란다.

1. 일정으로 돌아가라

융통성이 전혀 없는, 체계적인 처방을 말하는 것이 아니다. 어둠 속에서 길가에 떨어뜨렸을지 모르는 단순하고 기본적인 습관들과 관계되어 있다. 침대에서 일어나 씻어라. 옷을 입고 하루 세끼 제시간에 무언가를 먹어라. 여전히 살아 있다는 사실을 상기시키는 일상적이고 평범한 일들을 하라. 친구들에게 전화를 하거나 약속을 잡거나 신문을 읽거나 산책을 하는 등 예전에 하던 행동들을 천천히 더해나가라.

2. 다른 사람들과의 사귐으로 돌아가라

사람들에게서 멀어져 있을수록, 더 많이 고립되고 단절될수록 영원히 떨어져 지내기가 쉬워진다. 따라서 교회에 들어가서 참여할 수 있는 자리를 찾아라. 내가 배운 매우 강력한 교훈 한 가지는 모습을 드러내는 행동을 하는 것이다. 사람들에게 자신을 드러내고 싶지도 않고 사람들과 함께하는 것이 중요해 보이지 않을 때 모습을 드러내면, 하나님은 당신을 격려하기 위해 강력한 방식으로 여러 차례 모습을 드러내실 것이다.

나는 방주 문을 열고 밖으로 나가라는 하나님의 명령을 기다리고 있을 때 나를 강연에 초청한 분과 커피를 마시기로 약속했다. 그녀는 그 행사에 대해 자세히 이야기하며 위원회의 생각과 목표를 전해주고 싶다고 했다. 솔직히 나는 약속 장소에 가고 싶지 않았다. 개인적인 만남도 아니었고, 만났을 때 전혀 흥미를 느끼지 못하는 무언가에 관심을 보여야 한다는 것을 알았기 때문이다. 그럼에도 불구하고 나는 그녀와 만났고 행사를 위한 계획을 의논했다.

그녀가 말했다.

"제가 제임스와 마지막으로 나눴던 대화에 대해 말씀드리고 싶어요."

그녀는 제임스를 마지막으로 만났을 때 나누었던 영적인 주제들에 대해 이야기했다. 그러고는 꼬마로만 알았던 제임스가 어느새 예수님을 향한 마음을 지닌 청년으로 성장해 있었다고 했다.

나는 제임스가 그녀와 만난 적이 있다는 사실을 전혀 알지 못했고, 아니 설령 알았더라도 두 사람이 그렇게 사적으로 대화했을 거라고는 짐작하지 못했을 것이다. 전혀 예상치 못한 순간에 주님은 따스한 손길로 나를 어루만져주셨다. 내 안에 감사가 넘쳐흘렀다. 자동차를 타고 집으로 돌아오는 길에 성령님이 나에게 말씀하셨다.

"그냥 모습을 나타내라. 그리고 나를 신뢰하라."

3. 당신의 폭풍에 대해 말하지 않는 시간을 택하라

당신과 주변의 모든 사람들에게 휴식 시간을 주어라. 모든 대화의 방향을 위기 상황이나 그 상황 때문에 생긴 결과들로 돌려버리면 자신도 지치고 다른 사람들도 피곤해한다. "그 일에 대해서 지금은 말하고 싶지 않아요. 나한테는 휴식이 필요해요"라고 말해도 좋다. 마음과 생각이 환경에서 벗어나서 쉬어야 할 때가 있다. 다른 사람들의 삶에 관심을 보이면서 초점을 확대하면 마음이 진정되고 힘이 생긴다. 때로 다른 사람들은 우리가 쉴 새 없이 위기 상황 속에서 살고 있다는 사실을 망각한다. 그 사람들이 우리에게 줄 수 있는 가장 큰 선물은 우리의 생각에서 벗어나게 해주는 휴식이다.

나는 몇몇 친구들에게 "당신에 대해서 말해줘요"라고 청해도 괜찮다는 사실을 깨달았다. 그들은 이런 말이 주의를 다른 데로 돌리게 해달라는 신호임을 안다. 인간의 본성은 당연히 안쪽을 향한다. 따라서 생각을 바깥쪽으로 돌리기 위해 의도적으로 노력해야 한다.

앞서 말했듯 다른 사람들에게도 휴식을 주어야 할 필요가 있을지 모른다. 위기 상황을 겪는 당신을 아프게 하거나 불쾌하게 하는 무언가를 말했거나 행했을지 모르는 사람들에게 말이다. 기억하라. 그 사람들은 당신의 경험이나 관점에 공감하지 못한다. 아마 우리는 모두 다른 사람들의 말이나 행동에 상처받은 이야기, 혹은 다른 사람들이 말하거나 행한 둔감한 일들에 관한 이야기들을 가지고 있을 것이다. 다른 사람들의 경솔한 태도, 생각 없는 말과 행동, 우리의 아픔을 인정하기 거부하는 자세, 우리의 세세한 개인사에 관한 냉담한 무관심 등.

나는 그런 사람들을 놓아주고 용서해야만 비로소 앞으로 움직일 수 있다는 사실을 깨달았다. 그들 대부분은 나를 아프게 하려는 의도가 없었다. 단지 위로나 보살핌을 제공할 준비가 되어 있지 않았을 뿐이다. 나 역시 용서의 삶을 살아보았고, 그런 삶은 중요하다! 그러니 믿기 바란다. 어떤 사람이 고의적으로 계산해서 어떤 행동을 한 경우에도 '용서'만이 당신의 문의 잠금장치를 푸는 열쇠이다.

4. 당신이 고대하는 무언가를 하겠다는 계획을 짜라

일상의 삶을 시작하고 미래를 보는 행동이, 때로는 견디기 힘든 기억들의 방아쇠를 당기거나 너무 벅찬 노력같이 느껴질지도 모른다. 그러나 그런 행동은 치유가 일어나는 중이라는 표시이다. 거듭 말하지만 우리는 자신에게 이렇게 말할 필요가 있다.

"나는 지금 계획을 짜는 중이야. 내가 이 계획을 잘 이루도록 하나님께서 은혜와 힘을 주실 거라고 믿어."

예수님은 제자들에게 예루살렘의 문 잠긴 어떤 방에서 만날 거라고 말씀하실 수도 있었다. 그러나 그분은 "내가 살아난 후에 너희보다 먼저 갈릴리로 가리라"(마 26:32)라고 말씀하셨다. 예수님은 제자들이 일어나 밖으로 나오는 행동이 필요하다는 것을 알고 계셨다. 갈릴리로 가 있겠다는 예수님의 말씀을 믿기 위해 제자들이 믿음을 발휘해야 한다는 것도, 갈릴리가 제자들에게는 친숙한 연고 지이고 예수님 곁에 살았던 때를 상기시킨다는 것도 알고 계셨다.

과거에 대한 죄책감 속에 살거나 기억이나 후회에 갇힌 채로 남아 있으면, 과거를 변화시키거나 미래를 위한 길을 열지 못한다. 어쩌면 우리가 부정적인 감정과 결정과 반응을 인생의 폭풍과 결합시켰을지도 모르겠다. 그럼에도 불구하고 예수님은 예수님을 향해 움직이는 사람들에게 언제나 용서와 은혜와 목적을 내놓으신다.

영적인 치유? 일시적 안심?

우리의 가장 깊은 존재를 진정으로 치유하는 일은 오직 하나님만 행하실 수 있는 초자연적인 일이다. 우리는 종종 아픔을 일시적으로 완화시키는 방법들을 발견하거나 아픔에 집중되었던 주의를 다른 데로 돌린다. 그러나 감사하게도 하나님은 우리를 위해 일회용 반창고를 붙여주거나 속 쓰림을 달래는 약을 먹이는 그 이상의 일들을 하기를 원하신다. 하나님께서는 우리의 깨진 꿈과 연약한 마음을 깨끗하게 하기 위해서 하나님의 말씀과 영을 통해 우리를 씻기고, 매만지고, 고치고, 돌보신다.

하나님의 치유의 손길에 맡기고 하나님의 손을 붙잡을 때, 하나님의 임재가 치유의 원천이며 우리 삶을 어루만지는 하나님의 손길이 아픔을 일시적으로 달래주는 방법들보다 훨씬 더 중요하다는 진리를 서서히 깨닫게 될 것이다.

예수님이 이 땅에서 사역하시는 동안 수많은 사람들이 예수님을 따랐고, 이적을 베푸시는 그분의 능력에 접촉하기를 바랐다. 그들은 육신적 안도와 시련, 고통으로부터 벗어나기를 갈망했다. 그러나 예수님과 같은 편이라는 것을 인정하고 그분과 함께 기꺼이 고난받으려는 사람은 거의 없었다. 우리도 종종 그렇다. 책임은 지지 않고 치유의 혜택만 받기 원한다.

나는 아픔에서 벗어나고 싶다. 그러나 내 인생을 위한 새로운 계획에 속해 있는 책임도 기꺼이 받아들일 수 있을까?

우리가 그 책임을 받아들일 준비가 되었을 때 하나님께서 하나님의 새로운 계획을 맡기실 것이다. 비록 그 계획이 당신이 생각했던 내용과 전혀 비슷하지 않더라도 감사하게 겸손한 심령으로 받아들이게 될 것이다. 노아는 방주 밖으로 나왔고 하나님께서는 새로운 세상을 보여주셨다. 예수님의 제자들은 예루살렘의 문 잠긴 방 밖으로 나와서 갈릴리로 향하는 길을 따라갔고 예수님은 새로운 계획과 목적을 가지고 기다리고 계셨다.

당신의 역할 알기

이스라엘 역사에는 하나님께서 백성들을 위해 행하신 크고 놀라운 일들을 상기해야 하는 때가 있었다. 때로 우리는 당면한 상황에 너무 당황한 나머지 하나님께서 우리를 어디로 데려오셨는지 망각한다. 모세는 하나님께서 "내가 이제… 네게 넘기노니 너는 이제부터 그의 땅을 차지하여 기업으로 삼으라"(신 2:31)라고 말씀하셨던 때를 이스라엘 백성들에게 상기시켜야 했다. 만약에 지금 폭풍 대피소 밖으로 나오라는 하나님의 부르심이 지체되어서 초조해하거나, 폭풍 대피소 밖으로 나오기가 두려워서 주저하고 있는가? 그렇다면 중요한 교훈 하나를 말해주겠다. 우리의 행동이 하나님의 계시를 앞선다. 우리가 기꺼이 하나님을 뒤따를 때 하나님께서 새로운 계획을 계시하실 것이다. 하나님께서 차지하라고 명하시는 곳을 차지하기 시작할 때, 하나님은 당신의 순종을 사용해서 하나님의 이름을 영화롭게 하신다는 것을 확신해도 좋다.

하나님과 함께 걷는 발걸음 Your steps with God

어쩌면 지금이 오늘 날짜를 적고 선언해야 할 때일지도 모른다.

"오늘 하나님의 뒤를 따라 문지방을 넘을 것이며, 하나님께서 나에게 새로운 세상을 위한 하나님의 새로운 계획을 주실 것임을 믿는다."

Chapter 11

예배의 초점;

폭풍을 이기게 하신 분에게 예배하라

2011년 여름, 우리 교회에서는 선교 팀을 케냐로 파송했다. 나는 케냐 단기선교 팀 일원이다. 우리는 위드 오픈 아이즈(With Open Eyes) 재단과 협력하라는 임무를 받았다. 위드 오픈 아이즈는 2005년 초 내 아들 제임스가 아프리카에서 몇 개월을 보낸 뒤 남편과 공동으로 설립한 단체로, 아프리카 현지 목회자들과 제휴하여 그리스도에 대해 한 번도 들어본 적 없는 오지에 복음을 전할 수 있도록 수송 수단을 공급하는 일을 했다. 이 단체가 현지인들 사회에서 지원하는 분야는 부녀자 사역이었는데, 단기선교 팀이 이 사역에 힘쓰는 현지 목회자들을 도울 계획을 가지고 있었다.

제임스가 갑자기 세상을 떠난 지 5개월이 지났다. 나는 여전히 대부분의 시간을 뿌연 안개 속에서 지냈고, 내가 과연 선교 여행을 감당할 수 있는지, 고통스러운 많은 기억들을 대면할 준비가 되어 있는지도 전혀 알지 못하는 상태였다. 다만 내가 케냐로 향했던 이유는 하나님이 그렇게 발걸음을 내딛으라고 재촉하신다고 믿었기 때문이다. 가족들과 친구들 몇 명은 너무 이른 것 같다고 우려하기도 했지만, 이 선교 여행을 치유를 향한 발걸음으로 써달라고 기도하며 나를 격려해주는 사람도 있었다. 나는 순전히 순종하는 마음으로 케냐에 갔다.

하나님이 당신을 치유하는 과정에서 무언가 하라고 명하시거나 이끄신다면, 고통스러운 기억들을 감당할 만한 초자연적인 힘과 은혜를 주실 거라고 확신해도 좋을 것이다. 다만 억지로 당신 나름의 치료약을 조제하지 않도록 매우 조심하길 바란다. 때로 우리는 하나님이 명하시지 않은 길로 발걸음을 내딛으면서 정서적으로 감당하지 못할 깊고 어두운 곳으로 빠져 영적인 허공을 허우적거리기도 한다. 그러나 하나님은 우리가 언제 무엇을 대면할 준비가 되었는지 알고 계신다.

우리는 제임스가 살고 일하고 예배하고 사람들을 사랑했던 작은 마을로 갔다. 그들은 제임스에게 가족과도 같았다. 그러나 그곳의

먼지, 가난, 그곳 사람들의 고생스러운 삶을 바라봤을 때 그들을 가족처럼 여겼다는 것을 이해하기가 쉽지 않았다. 그러나 나는 여기가 바로 제임스가 인생의 진정한 의미와 목적을 발견한 곳임을 알고 있다. 제임스는 이곳에서 가장 편안해했고 집에서는 종종 손에 넣지 못했던 소속감과 수용의 느낌을 받았다.

우리 그룹은 사이먼 카리우키 목사님과 아그네스 사모님이 이끄는 교회에 속해 있었다. 나는 그 두 분을 사랑한다. 그들은 오랜 세월 동안 우리 식구들의 스승이자 친구, 목회자이자 부모였다. 또한 남편과 나를 제외한 지구에 있는 그 누구보다 제임스에게 더 많은 정성과 사랑을 쏟았다. 그들은 제임스가 청년으로 성장하면 영적인 일꾼들 밑에서 배우게 해달라는 남편과 나의 기도에 대한 응답이었다.

주일 아침, 우리들이 예배를 드리기 위해 예배당으로 갔을 때였다. 목사님은 우리에게 메시지를 전해달라고 부탁했다. 케냐에서는 엄마를 장남의 이름에 마마(Mama)를 붙여 부르거나 외아들일 경우 그 아들의 이름으로 부른다. 그래서 나는 마마 제임스이고 그곳에서는 언제까지나 그렇게 남을 것이다. 나는 짧은 메시지와 함께 고통 중에서의 하나님의 신실하심에 대한 간증을 했다. 그런데 간증이 끝난 뒤 사이먼 목사님이 나를 앞으로 불러 세웠고, 제임스를 알고 사랑했던 모든 사람들에게 나를 둘러싸달라고 부탁했다.

많은 사람들이 내 옆으로 나와서 안수(按手)를 했고, 스와힐리어, 아랍어, 영어 등 자신들의 모국어로 기도하기 시작했다. 목사님은 제임스의 죽음을 비통해하는 모든 사람들에게 슬픔에 동참하라고 부탁하면서 "우는 자들과 함께 울라"(롬 12:15)라는 말씀을 상기시키셨다.

곧 애통해하면서 흐느끼는 목소리들이 점점 고조되었다. 그렇게 얼마 동안 사람들이 성령 안에서 깊이 탄식하며 중보기도를 했다. 하나님의 성령께서 임하셔서 심오하고 개인적인 방식으로 모두를 보살피고 계셨다. 울음소리가 서서히 가라앉으며 평화로운 고요함이 예배당 전체와 모두의 마음에 내려앉았다. 그러자 그 무엇에도 방해받지 않고 우리의 입술에서 경배의 속삭임과 찬양이 터져 나왔다. 몇 사람이 박수를 치기 시작하자 많은 사람들이 동참했다. 예배당은 크신 하나님을 영광스럽게 기뻐하고 찬양하고 예배하는 분위기로 바뀌었다.

나는 예수님이 살아 계시므로 제임스 또한 그 어느 때보다 더 분명하게 살아 있다는 것을 알고 있다. 나는 환경 위로 시선을 들어 올렸다. 그러자 그리스도의 몸을 통한 치유를 체험할 수 있었다. 사람들이 하나님을 왕들 중의 가장 높은 왕으로 드높였고, 나 역시 영과 진리로 예배했다.

치유는 아픔을 없애지 않는다

하나님께서는 나의 첫 번째 케냐 여행을 사용하심으로 시각을 변화시키셨다. 그분은 아픔을 진정시키는 향유, 곧 길르앗의 향유에 내 마음을 담그셨다. 나는 내 삶에 새로운 목적의식을 주실 거라는 가능성을 어렴풋하게 볼 수 있었다. 가느다란 희망의 끈 하나를 발견하고 꼭 붙잡았다. 하나님께서는 내가 하나님이 제공하시는 진짜 치유를 더 분명하게 이해할 수 있도록 깨우치고 계셨다. 그분의 치유의 손길은 아픔을 없애지는 않지만, 그 대신 아픔이 우리의 삶에서 소생의 장소가 될 수 있도록 아픔 안에 하나님의 능력과 권세를 집어넣으신다.

나는 새로운 환경을 바라보는 힘과 용기를 서서히 얻을 수 있었다. 그리고 인생의 폭풍이 일으킨 모든 변화들을 받아들이고 인정하게 되었다. 우리 가족은 완벽하게 재배열되었다. 20년간 우리는 여섯 식구였지만 이제는 다섯 식구였다. 가족 중 한 명이 영원히 떠나버리면 부모 사이의 관계, 부모와 자식의 관계, 형제자매 사이의 관계가 완전히 붕괴된다. 제임스가 우리 곁을 떠나자 이전에 세웠던 많은 계획들과 미래의 결정들이 중대한 영향을 받았다. 그러나 가장 놀라운 것은 제임스의 죽음이 식구들을 개별적으로 변화시켜 놓은 방법이었다는 것이다. 나의 관심사, 활동들, 우선순위가 바뀌고 있었다. 가장 중요한 우선순위는 바로 견디는 일이었다. 그 욕구는 이전과는 전혀 다른 땅에서 맞이하는 새로운 환경에서 성장하고 전진하고 이루려는 깊은 갈망에 점차 자리를 내주었다.

예수님의 임재와 그분의 능력을 개인적으로 직접 체험하면서 나의 미래에 대한 전망도 변화되어갔다. 슬픔의 어두운 구름이 걷히기 시작했고 새로운 현실에 더욱 친숙해지면서 방향 감각에 대한 상실도 진정되었다. 하나님께서 이 여정을 지속할 힘과 용기를 주시기 위해 내 삶에 계셨고, 그분의 말씀을 신뢰하기 위해 계속 노력하자 주께서 나를 들어 올리셨다. 내가 얼마나 많이 하나님께 감사드려야 하는 사람인지, 그리고 얼마나 축복받은 사람인지에 관한 깨달음이 제임스가 빠진 텅 빈 자리에 스며들었다. 과거를 돌아보며 내가 세지 못할 만큼 많은 축복을 받았다는 것을 알게 되었고, 우리가 곤궁했을 때 지탱하고 공급하신 하나님의 신실하심을 깨닫게 되었다.

제임스를 사랑했던 아프리카 마을 사람들과 제임스의 죽음을 애통해했던 달콤하고 강력한 기억들을 사람들에게 전하다보면, 내가 정말 이전과는 다른 곳에 와 있다는 사실이 떠오른다. 내가 그 길에서 발걸음을 내딛을 때마다 하나님께서 함께하셨다. 폭풍은 지나갔다. 아픔은 없어지지 않았지만, 내가 무엇을 상실했든지 회복하시고 보충하시는 하나님의 선하심을 받아들일 준비가 되어 있었다.

하나님의 초대

친구여, 하나님께서는 당신을 위해서도 문을 열어두고 계신다. 하나님께서는 폭풍 대피소 밖으로 나와 당신을 위해 특별히 만드신 새로운 세상으로 들어가라고 초대하고 계신다. 당신의 인생을 위한 하나님의 지혜롭고 은혜로운 계획을 받아들일 준비가 되었는가? 이제 당신은 인생의 폭풍의 결과로 지니게 된 꼬리표로 정의되지 않아도 된다. 하나님께서는 당신이 떠맡거나, 받거나, 자동적으로 지니게 된 다음과 같은 꼬리표, 그리고 그 외의 것들로부터 자유롭게 해 주기를 원하고 계신다.

- 버림받은 아내
- 애를 갖지 못하는 여자
- 과부
- 외로운 독신
- 중독자
- 진가를 인정받지 못한 슈퍼스타
- 친척에게 학대당한 사람
- 피해자
- 장애인

하나님께서는 현재의 모습으로 우리를 보지 않으신다. 그분은 장차 우리가 어떤 모습으로 성장할지 알고 계시고 그 모습으로 보고 계신다. 폭풍은 지나갔다. 지금은 하나님의 소망과 치유의 능력을 받아들이고 찬양할 때이다. 나는 폭풍을 지나는 동안 나와 함께하신 하나님을 생각할 때, 하나님에 대한 경외심과 경이로움으로 충만해지고 그분을 향한 겸손한 경배와 예배에 빠져든다. 예배는 우리의 초점을 전적으로 하나님께 집중시킨다. 그분이 받으실 만한 예배는 느낌과 환경에 상관없이 전적으로 맡기고 온전히 헌신하는 상한 심령으로부터 흘러나온다.

성경에 나오는 몇 가지 사례들을 살펴보면서 하나님을 기쁘시게 하는 참된 예배에 대해서 더 배워보도록 하자.

예배는 선택이다

성경은 하나님께서 노아와 그의 가족들과 동물들을 방주 밖으로 불러내신 뒤의 일에 관하여 이렇게 말한다.

"노아가 여호와께 제단을 쌓고 모든 정결한 짐승과 모든 정결한 새 중에서 제물을 취하여 번제로 제단에 드렸더니"(창 8:20).

제물을 바치고 예배를 드리는 행위는 노아가 새로운 세상에 첫 번째로 보인 반응이었다. 노아는 방주 문지방을 넘어 밖으로 걸어

나왔을 때, 전적으로 바뀌고 재배열된 세상에서 처음부터 시작해야 하는 벅찬 책임에 열중하지 않았다. 불편한 방주를 벗어났다는 데에 마음을 빼앗기지 않았다. 그는 하나님께만 열중했고 그분께만 마음을 빼앗겼다.

우리의 마음을 점검해보자. 자신에게 질문해보라.

"내가 폭풍 대피소를 떠나기 두려워하는 이유가 앞으로 들어갈 새로운 세상이 어떨지 전혀 모르기 때문인가?"

"나는 폭풍 대피소 밖으로 나온 현실이 정말 행복해서 눈에 보이는 가장 편안한 곳으로 곧장 달려가는 중인가? 어쨌거나 나는 쉴 자격이 있잖아."

조심하라. 두 가지 태도 모두 당신을 새로운 곳으로 데려오신 분을 건너뛴다. 그분을 예배할 기회를 놓치지 말라.

다윗

사무엘하 12장 19,20절에는 다윗이 자신의 간음죄로 인해 가족들이 겪은 폭풍에 어떻게 반응했는지에 대해서 상세히 나온다. 다윗의 간음죄는 밧세바를 임신시키고 밧세바의 남편 우리야를 살해하는 결과를 빚고 말았다. 그때 하나님의 선지자 나단은 다윗에게 그 아기가 병들어 죽을 거라고 말했다.

다윗은 금식하면서 기도했다. 성경은 이렇게 말하고 있다.

"다윗이… 그 아이가 죽은 줄을… 깨닫고… 땅에서 일어나 몸을 씻고 기름을 바르고 의복을 갈아입고 여호와의 전에 들어가서 경배하고"(삼하 12:19,20).

다윗은 아기를 잃은 아픔과 슬픔보다 하나님을 더 앞에, 더 위에 놓았다. 예배는 만유의 주님이신 하나님이 마땅히 차지하셔야 할 자리를 하나님께 드리는 것이다.

"내가 기도한 대로 하나님께서 응답하지 않으실 때, 과연 나는 하나님을 예배할까?"

욥

욥기 1장 20,21절은 욥이 나쁜 소식을 연거푸 받은 뒤에 보인 반응이다. 욥은 가축들과 짐승들과 종들과 아들딸들 전부를 갑자기 잃었다. 이때 욥이 보인 반응에 대해 성경은 이렇게 전하고 있다.

"욥이 일어나 겉옷을 찢고 머리털을 밀고 땅에 엎드려 예배하며 이르되 내가 모태에서 알몸으로 나왔사온즉 또한 알몸이 그리로 돌아가올지라 주신 이도 여호와시요 거두신 이도 여호와시오니 여호와의 이름이 찬송을 받으실지니이다 하고"(욥 1:20,21).

"나는 모든 것들이 산산이 부서질 때 어떻게 반응하는가? 하나님을 찬송하면서 하나님께서 그 모든 것들을 주셨고 가져갈 권리도 가지고 계신다는 사실을 기억하는가?"

참된 예배에 관한 사례들에는 불평불만이 없다는 점을 알아차렸는가? 다윗도 욥도 주 하나님의 주권적인 권세를 예배하기를 머뭇거리지 않았다. 두 사람의 행동은 "하나님의 길이 나의 길보다 더 좋아. 나의 하나님께서 실수하지 않으신다고 믿어"라고 말하는 믿음을 나타낸다.

예수님 제자들

마태복음 28장 16,17절에는 예배를 향해 기꺼이 방향을 돌리는 다른 사람들이 나온다. 예수님의 제자들이다.

"열한 제자가 갈릴리에 가서 예수께서 지시하신 산에 이르러 예수를 뵈옵고 경배하나 아직도 의심하는 사람들이 있더라."

예배는 환경을 이해하는 능력에 따라 좌우되지 않는다. 예수님과 함께하면 의심을 안전하게 가둘 수 있다. 예배는 다른 무엇에도 기울어지지 않은 온전한 마음을 하나님께 드리는 행위이다.

"나의 의심이 예배를 방해하지는 않는가? 나는 모든 의심과 온 마음을 기꺼이 하나님께 바치는가?"

사마리아 여인

예수님은 사마리아 지방 우물가에서 여인을 만나셨고, 진정한 예배라는 주제로 대화는 이어졌다. 사마리아 여인은 어디에서 누구를 예배해야 할지 혼란스러워했다.

예수님은 사마리아 여인에게 말씀하셨다.

"아버지께 참되게 예배하는 자들은 영과 진리로 예배할 때가 오나니 곧 이때라 아버지께서는 자기에게 이렇게 예배하는 자들을 찾으시느니라 하나님은 영이시니 예배하는 자가 영과 진리로 예배할지니라"(요 4:23,24).

어디에서 누구를 예배할지 어떻게 알까? 예수님이 하시는 이 말씀을 신중하게 들으면 깨달을 수 있다. 예수님은 하나님께서 하나님을 예배하는 장소와 사람들에게 끌린다고 말씀하신다. 진정으로 예배하는 사람들을 찾고 계신다. 나는 이 말씀이 혼자 예배해도 괜찮고 많은 사람들과 예배해도 좋다는 뜻이며, 만약에 하나님의 영이 움직이고 있고 당신이 하나님의 이름을 높이는 중이라면 하나님의 영이 예배하는 그곳에서 당신과 시간을 보내기를 원하신다는 뜻이라고 본다. 찬양 인도자, 연주자, 성악가가 하나님의 주의를 끄는 주된 매력이 아닐 것이다. 마음을 하나님께 고정하면 하나님께서 당신의 목소리를 주목하여 들으실 것이다.

성경은 "이스라엘의 찬송 중에 계시는 주여 주는 거룩하시니이다"(시 22:3)라고 말한다. 따라서 우리는 하나님을 찬양할 때 하나님께서 임하신다는 진리를 깨닫는다. 찬양과 예배에 익숙하지 않다면 시편을 펴고 다윗과 다른 사람들이 하나님께 쓴 노래들을 읽기 바란다. 예배는 폭풍에 집중된 우리의 초점을 "바람을 꾸짖으시며 바다더러 이르시되 잠잠하라 고요하라 하시니 바람이 그치고 아주 잔잔하여지더라"(막 4:39)라고 성경이 증언하는 분께 돌리는 가장 효과적이고 아름다운 방법이다.

오래전 어느 주일날이었다. 걱정과 두려움에 익사당할 것 같다는 생각이 들어 무거운 마음으로 예배당에 갔다. 나의 정서적인 배는 밖으로 던질 수 있는 것보다 더 빠른 속도로 짐들로 가득 차는 중이었다. 나는 정말 침몰하기 직전이었다. 그런데 예배를 드리는 어느 시점에 성가대에서 주님을 확대하고 주님의 이름을 영화롭게 하라는 노랫말을 계속 반복해 불렀다. 물론 처음에는 나도 따라서 불렀다. 하지만 마음과 생각은 여전히 당시의 내 환경에 집중되어 있었다.

예배당에 모인 사람들이 더 오래 찬양할수록 노랫말이 더 가까이 들려왔다. 하나님의 영은 그 메시지를 서서히 내 마음에 새기기 시작하셨다. 나는 예수님의 모습을 확대하는 돋보기를 마음으로 그렸다. 예수님이 점점 더 커지기 시작했고, 예수님의 임재가 점점 더 명백해졌고, 내 마음은 경배와 찬양으로 옮겨갔다. 나는 예배하는 사람이 되어 있었다. 예배당을 떠날 때쯤 무거웠던 영이 가벼워졌고 하나님의 크심을 확신할 수 있었다. 하나님은 예배하는 사람들을 찾고 계셨다. 그리고 그날 하나님이 찾으시는 사람이 되었다는 점에서 지금도 하나님께 깊이 감사드린다.

"나는 주님을 찬양하는 법을 잊지 않았는가? 나는 아픔에 집중되었던 주의를 하나님의 얼굴을 향해서 돌리고 하나님의 이름을 영화롭게 하는가?"

다윗, 욥, 제자들, 사마리아 여인은 당신과 나처럼 인생의 폭풍에 부서진 사람들이었다. 그러나 하나님의 영이 폭풍 가운데 있는 그들을 돌보셨고, 마침내 그들은 하나님을 진정으로 예배하는 곳으로 이동할 수 있었다. 주님만이 참된 예배의 대상이다. 따라서 하나님께서 받으실 만한 진정한 예배는 "내 삶에서 무슨 일이 일어나든지 하나님의 길이 옳다. 하나님은 주권자이시고 나는 고개를 조아리고 하나님의 뜻을 받아들인다"라고 말하는 심령에서 나온다. 하나님께서는 나에게 설명할 책임이 없으시다.

홍수로 세상을 파괴하는 것은 우주의 창조주이신 하나님의 주권적 권리이며, 생명을 가져가는 것 또한 생명을 주신 하나님의 주권적 권리이다. 오직 예수님만이 무덤 밖으로 걸어 나와서 사망, 지옥, 무덤을 정복하는 능력과 권세를 지니신다. 예수님은 우리의 모든 예배를 받기에 합당하시다.

우리의 영을 예수님의 영 앞에 겸손히 낮추고 예수님의 말씀의 진리 아래로 들어갈 때, 우리의 예배가 하나님께서 받으실 만한 진정한 예배가 된다. 예배는 가장 깊숙한 존재에서 나오는 태도이다. 그래서 겉으로만 예배를 드리고 여전히 성령을 거스르며 하나님의 말씀을 거부하기 쉽다. 예배는 우리가 어떻게 느끼는지를 나타내는 표현 방식이 아니다. 언제나 옳은 일을 행하시는 하나님의 주권을 인정하겠다는 선택이다.

하나님의 일을 낳는 예배

앞서 언급했던 예배하는 사람들의 사례를 보면, 참된 예배가 언제나 하나님의 참된 일에 앞선다는 사실이 명백해진다. 하나님의 사업에 열심히 힘쓰는데도 아무런 축복도 받지 못하거나 참된 영적 열매를 얻지 못하는 경우가 발생하기도 한다. 사람들의 삶에 대한 진정한 보살핌과 참된 사역은 '예배하는 마음'에서 흘러나온다. 주변에 있는 믿음 충만하게 변화된 삶을 사는 사람들에게서 그 증거를 찾아보라. 기꺼이 하나님께 가까이 다가가고, 하나님의 말씀을 경청하고, 하나님의 말씀 안에 거하고, 하나님을 기다리고, 영화롭게 하고, 확대하고, 다른 무엇에도 기울지 않은 온전한 마음을 하나님께 바친다는 것을 발견하게 될 것이다.

우리는 예배하면서 믿음으로 발걸음을 내딛을 준비와 하나님의 축복을 받을 준비를 할 수 있다. 물론 축복받을 목적으로 예배하면 안 된다. 그러나 하나님께서는 예배하는 사람들이 하나님의 일에 참여하도록 허락하시고, 그때 그들은 축복을 받는다. 노아, 다윗, 욥, 예수님의 제자들, 사마리아 여인의 삶을 통해 살펴보도록 하자. 예상보다 일찍 하나님을 예배하기로 결단한 그 사람들이 어떻게 그들의 삶에서, 그리고 그들의 삶을 통하여 하나님의 일을 했는지 잘 보기 바란다.

하나님께서는 노아와 노아의 아들들에게 "생육하고 번성하여 땅에 충만하라"(창 9:1)라고 말씀하셨다. 다윗과 밧세바 사이에서 태어난 아들 솔로몬은 이스라엘의 왕이 되어 하나님의 성전을 건축했다. 성전은 예수님이 승천하여 예수님을 믿는 사람들 안에 성령을 보내시기까지 하나님께서 땅에 거하신 장소였다. 하나님께서는 욥이 잃었던 것들을 모자람 없이 회복시켜주셨다. 욥의 삶은 하나님을 신뢰하는 사람들을 위한 하나님의 회복의 능력을 나타냈다.

예수님의 제자들은 갈릴리에서 부활하신 예수님을 만났고, 예수님은 지금까지 인간에게 맡기셨던 모든 임무들 중에서도 가장 큰 임무를 제자들에게 맡기셨다.

"그러므로 너희는 가서 모든 민족을 제자로 삼아 아버지와 아들과 성령의 이름으로 세례를 베풀고 내가 너희에게 분부한 모든 것을 가르쳐 지키게 하라 볼지어다 내가 세상 끝날까지 너희와 항상 함께 있으리라 하시니라"(마 28:19, 20).

조금 전까지 정신없이 행동한 예수님의 제자들에게는 무리한 주문인 듯했다. 그러나 예수님은 그들이 장차 어떻게 성장할지 알고 계셨다. 예수님은 "영과 진리로"(요 4:24) 예배하는 사람들을 통하여 놀라운 일들을 행하실 것이다.

사마리아 여인은 마을로 돌아가 예수님을 만난 이야기를 전했고 예수님을 찬양했다. 그리고 그 여인이 예수님을 증언했을 때 마을 사람들 가운데 많은 이들이 예수님을 믿었다.

"여자의 말이 내가 행한 모든 것을 그가 내게 말하였다 증언하므로 그 동네 중에 많은 사마리아인이 예수를 믿는지라 사마리아인들이 예수께 와서 자기들과 함께 유하시기를 청하니 거기서 이틀을 유하시매 예수의 말씀으로 말미암아 믿는 자가 더욱 많아 그 여자에게 말하되 이제 우리가 믿는 것은 네 말로 인함이 아니니 이는 우리가 친히 듣고 그가 참으로 세상의 구주신 줄 앎이라 하였더라"(요 4:39-42).

미래 세대를 위한 기념비

사람들은 자신의 삶에서 하나님이 행하신 일들을 기억하거나 기리기 위한 기념비를 세우기 위해 가던 길을 잠시 멈춘다. 우리는 이런 모습을 성경을 통해 볼 수 있다. 기념비는 하나님의 승리의 능력을 입증하고 간증하는 물리적 장소 역할을 한다. 이스라엘 백성들이 약속의 땅을 소유하려고 요단강을 건넜을 때, 하나님께서는 여호수아에게 기념비를 세우라고 지시하셨다. 강을 건넌 지점에 돌을 세워 기념하는 것은 하나님의 말씀이 이스라엘 백성들의 삶에서 기적적으로 성취되었다는 것을 미래 세대들에게 보여주는 시각적인 표시 역할을 했을 것이다. 하나님께서는 그 이유에 대해서, 사람들이 하나님께서 행하신 일에 대해 반복적으로 이야기할 때 "땅의 모든 백성에게 여호와의 손이 강하신 것을 알게 하며 너희가 너희의 하나님 여호와를 항상 경외하게 하려하심"(수 4:24)이라고 말씀하셨다.

기념비의 목적이 전능하신 주 하나님의 이름을 드높이고 다른 사람들에게 하나님을 알리려는 것임을 주목하기 바란다. 기념비가 나타내는 사건의 내력을 누군가 회상하면서 이야기할 때, 그 말을 듣는 사람들은 "하나님께서 행하신 위대한 일을 보라"라고 반응한다. 기념비는 한 인간을 추억하고 기리는 사당(shrine)이 아니다. 사당은 어떤 사람의 생애와 죽음을 다시 주목하게 하지만 주님의 능력과 힘을 드높이지는 않는다.

나는 의미 깊게 기념비를 세우는 방법 한 가지를 발견했다. 매끄러운 돌 몇 개와 지워지지 않는 유성 펜을 준비한 뒤 하나님이 당신 삶에서 강력한 일들을 행하셨던 때와 장소를 기억하게 해달라고 구하라. 항상 기억하고 싶은 영적인 이정표, 하나님의 이름을 드높이는 기회로 여기고 남들에게 전하고 싶은 사건들, 하나님의 뜻과 지혜에 기꺼이 맡겼던 때들을 기억하게 해달라고 구하라.

나의 기념비에는 날짜와 내용이 표시되어 있다. 몇 가지 예를 들어보겠다.

- 1982년, 거듭남
- 1982년, 하나님의 기록된 말씀을 평생의 안내자로 삼기로 결단함
- 1990년, 검사 결과에 우선하여 하나님의 뜻을 신뢰함
- 1984년, 1990년, 1998년, 말씀을 가르치라는 부름을 받음
- 2010년, 몽고에서 국제 선교에 힘씀
- 2012년, 가르치는 일을 그만두라는 부름을 받음
- 2013년, 새로운 사역의 시기

나는 이 돌들을 작은 그릇에 담아 부엌 선반에 보관하고 있다. 이 돌들은 하나님의 말씀에 대한 신실하심이 나의 영적 여정에 크게 영향을 미쳤던 장소들을 시각적으로 상기시키는 역할을 한다. 지난

삶을 돌이켜보면, 이 기념비들은 하나님께서 살아 계시고 내 안에서 일하신다는 진리를 일깨운다. 환경이 어렵고 하나님께서 멀리 계신 것처럼 보일 때 이 기념비들을 보면 위를 올려다보게 되고 겸손하게 고개를 조아리게 된다. 또 인생의 모든 폭풍을 이겨내게 하신 분을 예배하는 힘을 얻는다.

나는 다른 곳에도 주님을 기리는 기념비를 세운다. 바로 성경책 가장자리 여백이다. 내 성경책에는 성경 말씀을 통해 나에게 말씀하신 것을 상기할 수 있는 날짜와 메모들을 발견할 수 있다. 그리고 나는 이 책에서 그 말씀들을 줄곧 언급해왔다. 하나님께서 나에게 개인적으로 구체적인 위로와 안내와 지침의 말씀들을 주실 때, 나는 성경책 여백에 날짜를 표시하고 간략하게 메모를 한다. 미래 세대들은 그 메모를 볼 때 "이때가 주 하나님께서 그녀를 위해 강력하게 역사하셨던 때구나"라고 알 것이다. 이는 계주 선수들이 다음 주자에게 바통을 넘겨주듯, 믿음의 바통을 다음 세대에 전해줄 수 있는 방법이다. 물론 하나님의 영광을 위해 살아간 삶보다 기념비 역할을 더 잘 할 수 있는 요소는 없을 것이다. 그러나 그런 삶은 분명 하나님의 말씀에 푹 잠긴 삶이다.

내가 하나님께 드린 것

예수님과 함께 폭풍 안에 있을 때는 견디기 힘들었지만, 그것은 나에게 유익한 선생이었다. 예수님께서는 제임스가 남편과 나에게 주신 하나님의 선물이었다는 사실을 부드럽게 상기시키셨다. 제임스가 태어난 날, 생명의 창조주께서는 남편과 나에게 귀여운 아기를 빌려주셨다. 그분은 우리에게 특권을 허락하셨고 그 선물을 사랑하고 키우는 책임을 맡기셨다. 남편과 나는 그 선물을 27년 동안 지녔고, 그 선물과 함께 성장하고, 그 선물에게 배우면서 온갖 종류의 믿기 어려운 체험을 했다.

남편과 나는 제임스가 아기였을 때 제임스를 하나님께 바쳤다. 우리는 부모로서 부족하다는 점을 인정했고 하나님을 의지한다고 공공연하게 선언했다. 제임스를 키우는 내내 하나님은 한 번도 공급해주시지 못한 적도, 지탱해주시지 못한 적도 없다. 지금 나는 제임스가 살아 있을 때 결코 우리의 것이 아니었다는 점을 상기하고 있다. 크신 하나님께 어울리는 선물을 드리려면 언제나 희생을 감수해야 한다. 우리는 폭풍 속에서 잃은 것들을 붙잡거나 손과 마음을 열고 하나님이 주신 선물을 다시 돌려드리는 행위 사이에서 선택해야 한다. 하나님께 속한 것을 기쁘게 다시 바치고 그분이 내 삶에서 행하신 강력한 역사를 찬양하는 것은 겸손한 예배의 행위이다. 이는 내가 주님의 제단에 세운 또 다른 기념비이다.

"근심하는 자 같으나 항상 기뻐하고 가난한 자 같으나 많은 사람을 부요하게 하고 아무것도 없는 자 같으나 모든 것을 가진 자로다"(고후 6:10).

당신이 진실하게 드린 예물을 하나님께서 받으신다는 것을 믿으라. 인생의 폭풍은 새로운 삶과 희망을 주는 하나님의 능력을 다른 사람들에게 전할 수 있는 기회이다. 어쩌면 우리는 예수님의 제자들처럼 미래에 대해서 의심하고 반신반의하면서 예배할지도 모른다. 그러나 "땅의 모든 백성에게 여호와의 손이 강하신 것을 알게 하며 너희가 너희의 하나님 여호와를 항상 경외하게 하려"(수 4:24)고 예수님이 우리를 통하여 많은 것들을 입증하셨다는 데는 의심할 여지가 없다.

하나님과 함께 걷는 발걸음 Your steps with God

당신의 삶과 폭풍을 통해 나타난 하나님의 선하심을 시각적으로 상기시키는 역할을 하는 기념비를 만들어라. 당신의 이야기를 하나님께 돌려드리는 예물로 다시 쓰게 도와달라고 구하라. 이는 폭풍이 지나간 뒤에 하나님께서 주신 새로운 희망에 대한 감사를 표현할 기회이다.

성경책 가장자리 여백에 하나님을 기리는 기념비를 세우는 작업

도 고려해보라. 하나님께서 언제 어떤 식으로 신실함을 나타내시고
당신의 찬양을 받기 합당하신지 메모하라.

하나님의 넓은 곳;
새로운 소명을 주신다

폭풍의 여파로 마침내 모든 것들이 정화되고 다시 창조된다. 태풍 위고가 우리 집 앞마당을 쓸고 지나가면서 원래의 정경을 망쳐놓은 지 20년이 지났다. 완벽하고, 완숙하고, 아름다운 지금의 앞마당을 둘러보면 20년 전 모습이 어땠는지 기억나지 않는다. 폭풍 이후의 삶은 바람이 몰아치기 전에 그렸던 모습과 많이 다를지 모른다. 그러나 하나님의 힘을 의지하면 우리의 삶도 하나님이 보시기에 완벽하고, 성숙하고, 아름다운 모습이 될 수 있다. 하나님께서는 폭풍 이후에 대한 새로운 계획을 가지고 계신다.

3부 폭풍이 지나간 후의 삶 227

새로운 삶과 넓어진 영역

다윗이 시편 31편 8절에 기록한 말을 보라.

"나를 원수의 수중에 가두지 아니하셨고 내 발을 넓은 곳에 세우셨음이니이다."

다윗은 도망자로 사는 삶이 어떤 느낌인지, 오해받고 추방당하는 아픔을 개인적으로 알고 있었다. 다른 사람들 때문에 고통당하는 현실을 알고 있었다. 그러나 다윗은 하나님의 말씀을 굳게 붙잡았고 하나님의 뜻을 신뢰했다. 이 구절에서 다윗은 자기가 넓은 곳에 서 있다고 선언한다. 우리 역시 하나님이 우리를 원수의 수중에 가두지 않으셨다고 선언할 수 있다.

믿음의 길에서 폭풍을 만났을 때 잘 헤치고 나갈지 의심했지만 하나님이 이겨내도록 도우셔서 넓은 곳을 주신 때들이 분명 있을 것이다. 폭풍을 체험하면서 깨달음의 폭이 어떻게 넓어졌는지, 또 새로운 영역에 어떻게 들어왔는지 잠시 생각해보자. 어쩌면 당신은 나와 마찬가지로 전혀 생각하지 못한 장소에서 전혀 생각하지 못한 일들을 하는 중일지도 모른다. 당신은 폭풍이 당신을 어딘가로 데려간 덕분에, 그리고 지금 새로운 세상에 사는 덕분에, 전에는 결코 알지 못했던 사람들에게 영향을 미치고 신임을 얻는다. 당신의 대지 경계선은 더 멀리 이동했고 영역은 더 확장되었다. 폭풍과 책임에서 나오는 축복이다. 우리가 하나님나라를 위해서 갈 수 있는 곳들은 정말 많다.

　하나님께서 예수 그리스도의 복음으로 헤아릴 수 없이 많은 사람들을 어루만지는 사역에 불을 붙이기 위해 한 청년의 삶을 사용하셨을 때, 우리 가족들은 세상이 상상하지 못할 방식으로 확대되는 것을 목격했다. 위드 오픈 아이즈 덕분에 아프리카 토착민 목회자들은 복음을 들고 오지 사람들을 찾아갈 수 있었다. 제임스는 희망과 도움이 절실하게 필요한 아프리카 원주민들을 향한 마음이 강했기 때문에 아프리카에서 집으로 돌아와 있을 때도 그 사람들을 잊지 못했다. 나 역시 아프리카에 가서 목회자들 중 한 사람과 했던 전도 여행에 대해 전할 때마다 하나님께서 채워주시고 회복하신다는 진리를 상기한다.

　오직 하나님만이 상실 때문에 생긴 텅 빈 곳을 하나님의 목표로 가득 채워주실 수 있다. 당신과 내가 하나님의 손에 드린 것이 무엇이든 간에 크게 늘리시는 하나님의 능력을 폭풍 덕분에 체험한다.

선한 일들을 위해 창조된 사람들

　하나님께서 하나님의 목적을 이루시려고 우리를 사용하기 원하신다는 점을 생각하면 말할 수 없이 감격스러우면서 겸손해진다. 예수님이 부활하시고 마침내 갈릴리로 돌아가셨을 때도 열한 제자들이 그렇게 느끼지 않았을까? 그러나 제자들은 예수님의 말씀을 상기해야 했고, 갈릴리에 가야 한다고 스스로를 다그쳐야 했다. 제자들은 "이번엔 또 뭐지?"라고 의심하거나 부끄러워하면서도 그곳으로 갔다. 우리가 우리의 부족함과 무능함에 초점을 맞추는 한 넓은 곳을 알아보지 못할 것이다. 폭풍 때문에 내 삶에 생긴 변화나 흉터에 집중하다보면 예수님을 알아보지 못할 것이다.

우리는 흉터를 싫어한다. 흉터가 우리 삶의 모든 것들이 완벽하지 못하다는 점을 상기시킬 뿐만 아니라, 흉터를 보기만 해도 고통스런 기억이 눈사태처럼 쏟아지기 때문이다. 내가 알고 있는 매우 아름다운 사람들은 깊은 흉터를 지니고 있다. 그중에서도 버려지고 거부당하고 방치된 채 어린 시절을 보낸 어떤 사람이 특별히 기억난다. 그러나 지금 그 사람에게서는 다정한 친절과 부드러운 온화함이 새어 나온다.

내가 가진 흉터는 폭풍으로 인해 아픔을 상기시키는 역할을 한다. 그러나 나는 그것이 더 이상 그런 역할을 하지 않게 해달라고 기도한다. 그 흉터는 분명 예수님이 부어주신 크신 사랑과 보살핌을 나타내는 표시가 될 수 있기 때문이다. 나의 흉터는 내가 예수님을 의지하여 살아가는 사람이라는 사실을 나타낸다. 그리고 나는 그 사실에 감동하여 예수님을 예배한다. 나에게는 예수님이 정말 필요하다. 나는 예수님을 정말 많이 사랑한다.

지금은 우리의 흉터를 위대한 의사의 치유의 손길에 맡겨야 할 때다.

비록 우리가 인생의 폭풍에 손실을 당하고 흉터를 입었지만 하나님께서 우리 삶의 형태와 모습을 잡아가는 중이라는 것을 믿어야 한다. 폭풍 이후의 삶이 하나님께서 행하시는 새로운 계획이라고 믿어야 한다. 그럴 때 선한 일들이 우리를 기다린다는 사실을 알게 되고 넓은 곳으로 들어갈 수 있다. 흉터를 하나님께 맡겨라. 그 흉터를 다른 사람들에게 하나님을 알리는 기회로 삼을 때, 하나님께서 우리를 들어 쓰시고 기뻐하신다. 성경 전체를 보면 하나님께서 하나님의 목적을 이루기 위해 들어 쓰신 사람들은 폭풍과의 싸움과 손실이 남긴 흉터를 지니고 있다.

바울도 하나님의 약속을 기억하라고 격려한다.

"내 은혜가 네게 족하도다 이는 내 능력이 약한 데서 온전하여짐이라"(고후 12:9).

예수님은 도마에게 손을 내밀어 예수님의 못 자국을 만져보라고 하셨다. 그분은 도마에게 하셨던 것처럼 우리에게도 예수님의 흉터를 만져보게 하시고, 자세히 살펴보도록 허락하신다. 심지어 그렇게 하라고 격려하신다. 예수님의 흉터는 예수님의 크신 사랑으로 십자가에서 기꺼이 치르신 대가와 예수님의 부활의 능력을 가시적으로 일깨운다. 즉, 우리에게 자국을 남긴 모든 시련과 폭풍보다 예수님이 훨씬 더 크시다는 진리를 일깨운다.

우리는 결코 예전으로 돌아가지 못한다. 이것은 의심의 여지가 없다. 우리가 폭풍으로 무언가를 잃고 그 상실 때문에 우리 삶이 영원히 바뀌었다는 점도 명백하다. 만약 당신이 이혼을 했다면 결혼 생활은 끝났다. 임신을 위한 마지막 시도에 실패했다면 아기를 가질 수 없다. 그리고 나는 지금 이 땅에서 제임스를 다시는 만나지 못할 것이다. 그러나 발걸음을 내딛어 하나님께서 지정해주신 넓은 곳으로 들어가면, 그분께 맡긴 우리의 흉터가 하나님을 나타낼 것이다. 예수님은 십자가에서 죽으셨지만 지금 분명히 살아 계신다. 몇 가지의 내 꿈과 계획들은 죽었지만 예수님은 나의 새로운 세상에 생명을 불어넣는 능력을 지니고 계신다.

예수님의 제자들은 연약한 상태에서 의심하며 예수님을 예배했다. 겸손은 섬김의 부르심을 받는 데 필요한 전제 조건이다. 따라서 요구 사항과 의심과 변명을 내려놓을 때, 예수님은 우리를 번쩍 안아 넓은 곳에 내려놓으실 것이다.

제자들은 믿음도 연약하고 확신도 없을 때 도저히 믿기 어려운 임무를 받았다. 예수님은 우리의 한계를 아시는 것처럼 제자들의 한계도 알고 계셨다.

예수님이 제자들에게 말씀하셨다.

"예수께서 나아와 말씀하여 이르시되 하늘과 땅의 모든 권세를 내게 주셨으니 그러므로 너희는 가서 모든 민족을 제자로 삼아 아버지와 아들과 성령의 이름으로 세례를 베풀고 내가 너희에게 분부한 모든 것을 가르쳐 지키게 하라 볼지어다 내가 세상 끝날까지 너희와 항상 함께 있으리라 하시니라"(마 28:18-20).

하나님께서는 부르시고 보내시는 권세를 가지고 계신다. 그분은 세상으로 가서 사람들을 제자로 삼으라고 말씀하신다. '제자'는 그리스도를 따르는 사람이다. 우리가 믿을 만한 참된 증인으로 살아갈 때 사람들은 예수님을 따르게 된다. 따라서 우리의 삶은 예수님이 살아 계신다는 진리를 입증하는 증거이다. 예수님이 우리를 폭풍 반대쪽으로 데려가실 것이다. 예수님은 우리와 함께하신다. 그리고 우리는 예수님의 능력이 폭풍이 남긴 흔적보다 더 크다는 점을 증명하는 살아있는 증인들이다. 예수님은 우리가 인생의 방향을 바꾸어 다른 사람들을 예수님께 돌아오게 하는 일에 보탬이 되게 하기 위해서 폭풍을 이겨내게 하신다. 그 일은 예수님의 영을 통해서 예수님의 능력으로 이루어진다. 새로운 세상에서 믿음이 성숙할 때, 우리는 사람들에게 복음을 전하고 우리의 이야기를 들려줄 기회를 더 많이 가질 수 있다.

우리의 소명

나는 하나님께서 지정해주신 넓은 곳 안으로 발걸음을 내딛는 중이다. 그곳은 고통스럽게 아파하는 사람들이 가득한 영토이다. 한동안 나는 내가 겪은 폭풍과 파괴를 다른 사람들에게 드러낼 힘이 없었다. 그래서 그들이 겪는 아픔을 회피했다. 그러나 지금은 문을 열고 밖으로 나가 내 삶의 영역이 확대되었음을 발견한다. 그리고 그것을 하나님이 나를 위해 준비하신 선한 일로 받아들이고 있다. 나는 결코 자식을 잃은 사람들을 돌보는 일을 원한 적이 없었지만, 이제는 그곳을 하나님이 그리스도의 몸 안에서 지정해주신 장소로 여기고 있다.

지금 나는 인생의 폭풍에 맞서 싸우면서 힘겹게 허덕이는 사람들을 방관할 수가 없다. 그 사람들의 삶에 희망이 있다는 사실을 알기 때문에 그 사람들을 격려하고 싶다. 분명 그 사람들은 폭풍을 이겨낼 수 있고, 실제로도 그런 이들이 많다. 나는 성장하고 싶다. 나는 부활하신 예수님의 능력을 원한다. 다른 사람들에게 쏟아부을 수 있도록 가득 채워주시길 원한다!

내 생애 최악의 폭풍을 겪으면서 나는 예수님의 위로와 보살핌을 받게 되었다. 내가 폭풍을 잘 이겨낼 수 있도록 예수님이 나를 이끄신 이유는 어려운 처지의 누군가에게 시선을 돌리게 하시기 위해서였다.

바울은 고린도후서에서 다음과 같이 기록했다.

"찬송하리로다 그는 우리 주 예수 그리스도의 하나님이시요 자비의 아버지시요 모든 위로의 하나님이시며 우리의 모든 환난 중에서 우리를 위로하사 우리로 하여금 하나님께 받는 위로로써 모든 환난 중에 있는 자들을 능히 위로하게 하시는 이시로다"(고후 1:3,4).

그렇다. 우리는 그렇게 하라는 부르심을 받았다. 우리는 가지각색의 고통을 알기 때문에 어느 때보다 더 넓은 영역에서 살아간다. 당신과 나는 고통과 슬픔으로 괴로워하고 질식되어가는 사람들에게 진정한 위로자(Comforter)를 소개하라는 부르심을 받았다. 우리는 그런 사람들을 하나님의 사랑으로 보살피면서 따스하게 감싸야 할 그분의 손이며, 그들을 만나기 위해 확대된 새로운 세상으로 기꺼이 들어가는 그분의 발이다. 따라서 그런 사람들이 "자비의 아버지시요 모든 위로의 하나님"이 주시는 달콤한 위로의 축복을 알게 해달라고 기도해야 한다.

우리는 이런 생각을 하기 쉽다.

'나는 그런 사람들에게 무슨 말을 해야 하는지도 모르고, 다른 사람들을 어떻게 보살펴야 하는지도 몰라.'

그러나 그 사람들을 보살피는 사람은 당신이나 내가 아니다. 우리가 예배하고 기도하며 하나님이 언제든지 들어 쓰시도록 시간을 내어드리면 하나님께서 채우시고 준비시키신다.

1년 전, 나는 자살한 아들을 둔 어떤 부부에게 도움의 말을 해달라는 부탁을 받았다. 그때 이런 생각이 들었다.

'그 부부를 위로하기 위해 무슨 말을 해야 할까?'

그런데 그 부부의 아들이 죽었을 때 어떤 친구의 요청으로 내가 그 가족을 위해 기도했었다면, 당신은 내 말을 믿겠는가? 실제로 그 부부를 소개받기 전에 내 영은 이미 그 부부를 잘 알고 있었다. 우리의 영향권 안에 있는 사람들에게 하나님의 위로를 전하는 도구로 기꺼이 쓰임받고자 할 때 하나님께서는 그런 방식으로 일하신다.

뜻밖의 선물

폭풍이 지나간 뒤에는 언제나 해변에 보물이 널려 있다. 그리고 나 역시 인생의 폭풍우가 남긴 선물들을 지금도 여전히 발견하고 있다. 처음에는 잔해와 쓰레기더미에 묻힌 보물들을 발견할지도 모른다. 그러나 허리를 굽히고 자세히 살펴보면 새로운 세상의 해안선에 퇴적되어 있는 값을 매길 수 없는 보물들을 발견하기 시작할 것이다.

지금 나는 하나님이 지정해주신 넓은 곳에서 더 신중하게, 더 많이 기도하면서 시간을 보내고 있다. 그 시간이 하나님이 나에게 주신 후한 선물이라는 것을, 그러나 영원히 지속되지 않는다는 사실도 알고 있다. 그렇기 때문에 그 귀한 시간을 낭비하거나 잘못 사용할 수가 없다. 오늘 내가 가진 기회, 사람들과 맺는 관계는 결코 똑같은 방식으로 되풀이되지 않을 것이다. 하나라도 놓치고 싶지 않다.

'말'(words)은 지키고 보호해야 할 순금 덩어리이지만, 또한 아낌없이 쓰면서 다른 사람들을 격려해야 할 축복이다. 내가 사람들을 얼마나 많이 사랑하고 이해하는지 마음껏 말하고 싶다. 그들을 성장시키고 격려하고 인생에 대해 말하기 위해 말을 사용하고 싶다. 하나님을 향한 감사의 말이 내 입술에서 떠나지 않게 하고 싶다. 말은 우리의 새로운 세상으로 그리스도를 닮은 대기를 내보내기 위해 사용할 수 있는 보물이다.

이 새롭고 넓은 세상에서 내가 지닌 관점은 사람들이 바라보는 모든 방식을 변화시키는 것이다. 나는 중요한 관점이 되는 기준이 영원에서 비롯된다는 사실을 깨닫는 중이다. 나의 시각이 하나님의 마음에서 나왔다면, 나의 행동과 태도는 하나님이 나를 이끌어주신 새 땅에서 그 영역을 넓히는 데 도움이 되고 넓은 공간을 계속 만들어낼 것이다.

자신의 현재 상태를 신중하게 살펴보자. 그렇게 할 때 선물이 흉터보다 더 중요해질 것이다.

- 내 삶에 있는 그리스도의 능력에 경외심을 갖는다.
- 연약하기 때문에 하나님의 힘을 더 깊이 의지하는 법을 배운다.
- 상실의 여정 때문에 직계가족이 훨씬 더 중요해진다. 우리는 상실의 의미를 알기 때문에 서로의 진가를 인정하고 서로를 소중히 여긴다.
- 누가 나를 위해서 존재한다는 것을 안다.
- 하나님께서 언제나 존재하신다는 진리를 알게 되면서 미래에 대한 두려움이 적어진다.
- 가족이 서로 아픔을 나누면서 사랑이 더 깊어진다.
- 슬픔이 하나님의 무한한 사랑을 체험하는 독특한 기회를 준다.
- 그리스도에 대한 확신이 강해진다.
- 새로운 곳을 받아들이면서 하나님께 감사드리게 된다.

넓은 곳은 뻗어나갈 여지와 성장해나갈 공간을 준다. 또 그곳은 쓰레기와 잡동사니 없이 활짝 트여 있다. 무엇보다 귀한 보물은 넓은 마음이다. 이때 '마음'이란 하나님께 속한 것들에게 열려 있고, 그분의 이름 안에서 성장하고, 주고, 나아가는 데 도움이 되는 마음을 뜻한다.

지금까지 넓은 마음을 가꾸는 많은 방법들에 대해서 이야기해왔다. 하나님께서 크신 사랑으로 내 마음을 상하게 하실 때, 내가 하나님의 영광을 위해서 마음을 비울 때, 하나님께서 내 마음을 하나님의 능력으로 가득 채우실 때, 내 마음은 영적으로 가장 생산적이 되는 것 같다.

우리를 하나님께 맡길 때, 하나님께서는 회복을 약속하신다.

이로써 우리도 듣던 날부터 너희를 위하여 기도하기를 그치지 아니하고 구하노니 너희로 하여금 모든 신령한 지혜와 총명에 하나님의 뜻을 아는 것으로 채우게 하시고 주께 합당하게 행하여 범사에 기쁘시게 하고 모든 선한 일에 열매를 맺게 하시며 하나님을 아는 것에 자라게 하시고 그의 영광의 힘을 따라 모든 능력으로 능하게 하시며 기쁨으로 모든 견딤과 오래 참음에 이르게 하시고 우리로 하여금 빛 가운데서 성도의 기업의 부분을 얻기에 합당하게 하신 아버지께 감사하게 하시기를 원하노라 골 1:9-12

나는 인생의 폭풍 덕분에 새로운 마음을 가졌으며, 내 안에 계신 하나님의 영을 이전보다 더 분명하게 의식할 수 있게 되었다. 하나님께서는 하나님이 관심을 가지고 계신 일들에 대한 세심함과 하나님이 사랑하시는 것들에 대한 더 깊은 사랑을 나에게 주셨다. 지금 나는 폭풍 반대쪽에서 완전히 변화되었다는 사실을 깨닫고 있다. 그리고 그 변화의 과정을 통해서 예수님의 형상을 더 분명하게 나타내는 사람이 될 수 있기를 기도드리고 있다. 아마 그 선물이 폭풍 이후의 삶에서 비롯된 모든 선물들 중에서 가장 뜻밖의 선물이 아닐까.

나는 엄청나게 파괴적인 폭풍의 파편들을 취하여 아름다운 무언가를 만드시는 하나님의 능력에 감탄하게 된다. 이것은 문자적, 상징적, 영적으로 하나님의 영의 손길이다. 궁극적인 선물은 내 안에서 일어나는 변화에 대한 각성이다. 하나님께서 바람을 꾸짖고 파도를 잔잔하게 하심을 믿고 따랐을 때, 내 마음은 마침내 입을 다물고 고요해졌다. 그렇게 내 마음의 수면이 잔잔해질 때 수면에 비친 하나님의 아름다운 얼굴을 보게 되었다.

우리 가족이 4년 넘게 간직한 목록을 소개하려고 한다. 이것은 우리 가족에게 해당되는 사적인 내용이지만, 당신의 목록을 만드는 데 도움이 되길 바라기 때문이다. 당신의 폭풍으로 드러난 보물들, 숨겨졌던 명백한 보물들을 깨우쳐달라고 하나님께 구하라.

제임스 덕분에…

- 우리는 모두 변화되었다.
- 우리는 모두 사역을 맡았다.
- 우리 모두 고통하는 사람들에 대한 관심과 연민으로 충만해졌다.
- 다양한 인생길을 걷는 사람들과 수많은 인연을 맺었다.
- 나는 결코 꿈꾸지 않았던 곳에 가서 상상하지 못한 일들을 한다.

- 복음을 전하기 위해, 기죽어 있는 사람들을 일으켜 세우기 위해 오지로 선교 여행을 한다.
- 우리는 "내 형제 중에 지극히 작은 자 하나"(마 25:40)에게 가서 베푸는 영광을 누렸다.
- 아프리카 케냐에 나망가 침례교회를 세웠다.
- 아프리카 케냐에 생기를 되찾아주고 사역 장소인 제임스 회관을 완공하여 개관했다.
- 위드 오픈 아이즈 재단이 성장하고 번창하고 커지는 중이다.
- 하나님께서 우리 가족 중에 그분이 들어 쓰실 새로운 지도자를 세우셨다.
- 천국은 더 귀해지고, 우리를 소망으로 가득 채운다.
- 예수님이 오시기를 기다리는 중이다.
- 모든 것들이 달라졌다. 삶도, 사랑도, 상실도 전부 달라졌다.

다윗은 시인이었고 성령의 영감을 받았기 때문에 내가 다윗의 말보다 더 낫게 바꿀 수는 없다. 다만 인생길에서 한 걸음 물러나 내 가족에 대한 하나님의 선하심을 볼 때 다윗의 말이 내 마음에 떠오르는 생각을 아름답게 전달해준다. 따라서 다윗의 말을 내 말처럼 받아들일 수 있다.

(우리의) 광풍을 고요하게 하사 물결도 잔잔하게 하시는도다 그들이 (우리가) 평온함으로 말미암아 기뻐하는 중에 여호와께서 (우리 가족을) 그들이 (우리가) 바라는 항구로 인도하시는도다 여호와의 인자하심과 (우리) 인생에게 행하신 기적으로 말미암아 그를 찬송할지로다

시 107:29-31

하나님은 우리에게 새 꿈을 주고 싶어 하신다. 인생의 폭풍 때문에 생긴 빈자리는 우리를 공허하고 불완전한 상태로 남겨놓지 못한다. 하나님은 주시는 분이요 회복하시는 분이다. 하나님께서는 우리가 잃은 것들을 취하여 선하게 사용할 수 있으시며, 기쁨과 목적이 넘치는 새로운 기회와 장소를 주실 수 있다.

인생길에서 폭풍을 만났던 당신은 새로운 장소에 도달해 있다. 이제 당신을 들어 쓰시도록 하나님께 맡겨라. 그때 앞으로의 가능성은 헤아리지 못할 만큼 많아진다. 하나님께서는 당신을 성장시키고 당신이 영향을 미치는 새롭고 넓은 곳으로 보내실 수 있는 모든 권세를 지니고 계신다. 어쩌면 당신은 어디로 가는 중인지, 그 임무를 감당할 준비를 갖추었는지 확신하지 못할지도 모른다. 그러나 그분은 당신이 그런 점을 정확히 알기를 기대하지 않으신다.

하나님께서는 당신이 하나님을 더 깊이 의지할 수 있도록, 그리고 하나님이 마땅히 가야 할 길로 안내하시고 인도하신다는 것을

분명하게 확신할 수 있도록 폭풍을 사용하셨다. 그분은 당신에게 더 깨끗한 시각과 더 예리한 청각과 더 다정한 마음을 주셔서 세상으로 보내신다. 당신이 앞으로 나갈 수 있도록 하나님의 영과 하나님의 말씀과 하나님의 지혜를 주신다. 당신의 새롭고 넓은 곳에는 예수님의 사랑과 손길이 필요한 사람들로 가득하다.

여호수아는 하나님이 약속하신 새 땅으로 들어가기 전에 백성들에게 이렇게 말했다.

"너희는 자신을 성결하게 하라 여호와께서 내일 너희 가운데에 기이한 일들을 행하시리라"(수 3:5).

내 친구여, 당신 자신을 성결하게 하라. 그럴 때 당신의 새롭고 넓은 장소가 당신에게 그리고 당신을 통하여 행하시는 하나님의 기이한 일들의 증거가 될 것이라고 기대해도 좋을 것이다. 하나님께서 당신에게 주기 원하시는 새로운 소명의 장소를 받아들이기 위해서 당신의 마음과 생각을 열겠는가? 두 손을 펴서 그 소명을 받겠는가? 지금은 지평선을 응시하면서 새 날이 밝아오기를 기다려야 할 때이다.

지금도 여전히 폭풍이 남긴 보화들을 찾고 있는 중이라면 인내하면서 지속하라고 격려하고 싶다. 기억하라. 이것은 우리가 찾기 바라는 것들을 발견하는 일과 무관하다. 하나님께서 밝혀주기 원하시는 것들을 발견하는 일과 관계가 있다. 신실한 태도로 해변으로 돌아가 어둠이 남긴 보화들을 볼 수 있는 눈을 달라고 기도하라.

하나님을 따라 새롭고 넓은 땅으로 갈 준비가 되었다면, 그 기회를 사용하여 당신을 성결하게 하라. 하나님을 영화롭게 하고 더 크게 쓰임받기 위해서 당신의 삶을 바치겠는가? 그것이야말로 변화된 마음에서 나오는 예배 행위이다.

Chapter 13

마지막 폭풍 ;
거룩하신 하나님 앞으로 간다

제임스가 하늘나라로 떠난 지 6개월이 지난 2011년 4월, 나는 사이먼 목사님과 아그네스 사모님과 함께 제임스와의 추억들, 깨달음을 기억하고 나누었다. 마음이 무거웠다. 그때 질문 하나가 생각났다. 나도 모르게 갈라진 목소리로 흐느꼈고, 너무 가슴이 아파서 얼마나 더 오래 견딜 수 있을지 의아할 정도였다.

"제임스는 우리가 자기를 얼마나 사랑했는지 알까요?"

답은 이미 알고 있었다. 그러나 제임스와 대화하면서 마지막으로 시간을 보낸 사람들의 입으로 직접 듣고 싶었다.

사이먼 목사님이 대답했다.

"물론이죠, 마마 제임스. 제임스는 알고 있었어요."

곧이어 목사님은 우리 앞에 놓여 있는 성경을 펴고 이사야서 말씀을 읽었다.

너희는 이전 일을 기억하지 말며 옛날 일을 생각하지 말라 보라 내가 새 일을 행하리니 이제 나타낼 것이라 너희가 그것을 알지 못하겠느냐 반드시 내가 광야에 길을 사막에 강을 내리니 사 43:18,19

나의 성경책에는 이 구절 다음 여백에 "2011년 4월 8일, 사이먼 목사님이 일깨움"이라는 메모가 적혀 있다. 이 말씀을 내 영에 받아들이는 데는 꽤 오랜 시간이 걸렸다. 이제 이전 일들은 제자리를 잡아가기 시작했다. 비록 내가 과거를 잊지 못한다고 해도 세세한 일들을 자꾸 돌이켜보는 행동은 더 이상 필요하지 않았다.

나는 진심으로 하나님이 내 안에서 새로운 무언가를 행하시는 중이라고 믿는다. 과거에 매달리고 정신을 빼앗기면 하나님이 앞에 펼쳐주고 계신 새로운 삶을 놓친다는 사실도 마침내 충분히 이해하게 되었다. 이것을 깨달았을 때 나는 뒤돌아보는 행동에 대해 경고한 성경 몇 구절이 떠올랐다. 소돔 성이 불타고 있을 때 롯의 아내는 하나님의 지시를 거스르고 뒤를 돌아보았다가 소금 기둥이 되었다. 예수님은 "손에 쟁기를 잡고 뒤를 돌아보는 자는 하나님의 나라에 합당하지 아니하니라"(눅 9:62)라고 말씀하셨다. 과거에 시선을 고정하고 지난날들을 갈망하면 하나님께서 지금 주고 싶어 하시는 사명과 축복을 놓치게 될 것이다.

앞을 보라

인생의 폭풍과 그 여파 때문에 광야에 버려진 느낌이 든다는 것은 충분히 이해가 된다. 그러나 그것이 끝이 아니다. 이 말은 되풀이할 가치가 있다. 내 친구여, 그것이 끝이 아니다. 하나님께서는 당신을 광야에 버려두지 않으실 것이다. 그분은 우리에게 감당하기 어려운 상황을 헤치고 나가 옛 삶 밖으로 나오는 길을 알려주시기 위해 그 어려운 상황을 뚫고 들어오실 수 있으며, 당연히 그렇게 하실 것이다.

앞을 보라. 위를 보라. 앞일을 내다보라. 지금이 그렇게 해야 할 때다!

어쩌면 당신은 고통과 상실에 익숙해져서 과거에 겪은 난관에 집중하고 싶을지도 모른다. 그러나 이런 슬픔의 시기에 지나치게 오래 머뭇거리는 위험한 행동은, 하나님이 우리를 위해 준비하신 넓은 회복의 장소와 더 멀어지고 있다는 사실을 말해줄 뿐이다. 옛것을 놓을 때 우리는 하나님께서 우리를 위해 준비하신 새로운 삶을 향해 더 가까이 갈 수 있다. 새로운 삶은 하나님을 믿고 신뢰하는 치유의 환경에서 꽃피기 시작한다.

구약성경에서 한 권이 욥이라는 사람에 대해 기록되었다. 욥의 이름은 고난과 동의어이지만 고난과 상실이 그 이야기의 끝은 아니다.

"여호와께서 욥의 말년에 욥에게 처음보다 더 복을 주시니"(욥 42:12).

고난과 상실을 하나님의 손에 넘겨드릴 때 삶은 결코 고난과 상실로 끝나지 않는다. 이 책 앞부분에서 나는 내 인생의 시간을 제임스의 죽음 이전이나 이후로 표시하면서 내가 그 시간을 어떻게 보냈는지 털어놓았다. 그러나 이제부터는 욥기 말씀처럼 내 인생의 시간을 처음과 말년으로 표시할 작정이다. 나는 인생 말년에 하나님의 축복이 크게 늘어나고 하나님의 선하심이 밝혀지기를 기다리고 있다.

지금 나는 혼란스럽고 파괴적인 폭풍의 반대편에 와 있다. 하나님께서 말년에 축복을 체험할 수 있도록 나를 이 넓은 곳으로 이끌어 오셨다. 폭풍이 주는 진정한 축복은 나와 항상 함께하시는 하나님의 도움에 대한 이해와 확신을 능가하는 평화이다. 나는 내 인생의 이전 일들에 대해 하나님께 감사드리지만, 나의 말년이 새로운 축복으로 충만해질 것이라는 소망을 가지고 있다. 폭풍이 없었다면 나는 결코 지금의 이곳에 이르지 못했을 것이다.

상실에서 풍성함으로

인생의 폭풍이 당신 삶에서 무엇을 쓸어갔든지, 하나님은 모든 공백들을 채우실 수 있다. 원하던 아기를 갖지 못하면서 가정을 꾸리고 싶었던 평생의 꿈도 많이 달라진 내 친구는 "꿈에 그렸던 삶은 전혀 아니지만, 그래도 좋아"라고 말한다. 하나님은 그 친구가 자기 힘으로 바꾸지 못하는 상황을 받아들이도록 하나님의 평화로 텅 빈 곳을 채우셨다. 그리고 도전하고 성장할 수 있는 새로운 관심사와 기회들을 주셨다.

얼어붙은 호수 위에 경비행기를 착륙시키려다 얼음이 아래로 내려앉는 바람에 어린 세 딸을 잃었던 부부는, 그 이후에 아들 셋을 더 두었다. 그 부부에게는 아들이 여섯이다! 하나님께서는 우리가 잃은 사람들을 그대로 되돌려놓지 않으신다. 새로운 무언가를 행하신다. 하나님의 성품에 대한 새로운 계시와 하나님의 임재에 대한 더 깊은 의식으로 우리 삶의 텅 빈 곳들을 채우신다. 모든 선물과 기회들에는 엄청난 축복이 있다.

지금 나는 전에는 눈이 멀어 보지 못했던 상황과 장소를 이해하는 체험을 하고 있다. 예전에는 가기를 거부했던 장소도 갈 수 있게 되었다. 하나님께서 내 영에 하나님을 새롭게 의지하는 태도를 계속 더하고 채우신다. 나의 말년은 성장하고, 배우고, 축복하고, 주고, 용서하고, 이해할 수 있는 새로운 기회들로 충만해지고 있다.

이 모든 점들이 예수님이 주시는 풍성한 삶의 사례들이며, 예수님의 임재가 지속적으로 주는 혜택들이다. 예수님은 현재 우리의 삶에서 우리 안에 있는 예수님의 생명을 체험하고 누리기를 원하신다. 풍성한 삶은 현재 처한 환경과 전혀 무관한 초자연적인 특질을 지니고 있으며, 현실이 실망과 고통과 상실로 가득할 때조차도 영원의 태도와 시각으로 충만해지는 삶을 말한다.

우리는 예수님이 우리에게 주려고 하셨던 풍성한 삶을 체험할 수 있다. 폭풍은 나를 파괴하겠다고 위협했다. 그러나 바람이 가라앉고 파도가 잔잔해졌을 때, 나는 예수님이 나와 함께하셨고 모자람 없이 채워주셨다는 점을 깨달았다.

더 나은 날

모두에게 최종적으로 불어닥치는 폭풍 하나가 있다. 모든 영혼들이 다른 강도로 폭풍을 겪을 것이다. 그러나 그 누구도 피하지는 못한다. 그 폭풍은 이생에서 마지막으로 지나야 할 여정이다. 폭풍이 오는 날과 시간은 아무도 알 수 없다. 그러나 지혜로운 사

람은 일기예보에 주의를 기울이고 현재 삶의 반대편으로 갈 준비를
한다.

어느 날 나는 성경을 읽다가 전에는 한 번도 보지 못했던 구절을
우연히 발견하게 되었다. 하나님의 말씀이 성경책 밖으로 툭 튀어
나오고 성령님이 내 영에 증언하시듯 느껴지는 때들이 몇 차례 있
었다. 그날도 그랬다. 그때 성령께서 내 마음에 심어주신 메시지는
"이것이 하나님께서 오늘 네게 직접 주시는 말씀이다"라는 내용이었
다. 제임스가 인생의 마지막 여정을 마친 지 3주기가 가까워왔기 때
문에, 그 말씀이 나의 주의를 끌었다.

좋은 이름이 좋은 기름보다 낫고 죽는 날이 출생하는 날보다 나으며
전 7:1

나는 이 구절이 있는 여백에 이렇게 적었다.
"2010년 10월 5일이 1983년 3월 14일보다 더 나은 날이다."
내 아들이 젊고 무지한 엄마 아빠에게서 태어난 날이 기억났다.
의사가 갓난아기를 뒤집었을 때, 그래서 그 아기가 아들이라는 사
실을 알았을 때, 남편과 나는 흥분한 나머지 전율했다. 초음파 기
계가 나오기 전이었고 인생이 여전히 놀라움으로 가득하던 시절이
었다. 남편과 나는 아이에게 할아버지의 이름을 붙여주었고, 그 아

이를 위해 소망하고 꿈꾸며 기도하기 시작했다. 가족과 친구들에게 전화해서 그 경이롭고 흥분되는 축복의 소식을 전하면서 감격하기도 했다. 부모라면 그런 기억과 기쁨에 공감할 것이다.

그런데 더 나은 날이 있다는 말인가? 우리 부부가 가족과 친구들에게 전화해서 제임스가 세상을 떠났다는 소식을 전해야 했던 날이 더 낫다는 말인가?

"주님, 어떻게 이 말씀이 맞을 수 있습니까?"

그 진리를 설명해달라고 주님께 간청했다. 영원한 진리인 그 말씀을 묵상하고 제임스가 태어난 날의 기억과 장면들이 진정되었을 때, 하나님께서는 말씀에 기록된 그 진리를 계시하기 시작하셨다.

우리 모두는 타락해서 죽어가는 세상에 태어난다. 죄 가운데서 태어나고 우리를 친밀하게 아시고 자신의 영광을 위해서 우리를 창조하신 분으로부터 분리된다. 우리 인생의 모든 일들은 자연적인 인간을 벗어던지고 영적인 인간을 입기 위한 긴장과 몸부림이다. 우리는 타락한 세상의 결함과 한계에 결박되어 있다. 죽으려고 태어난다. 살아 있는 동안 인정과 안위와 평화와 자유와 흡족함과 만족을 얻기 위해 애쓴다. 가치가 있고, 에너지와 주의를 쏟을 만한 목표들이다. 그러나 우리는 이런 목표들이 우리를 완벽하게 채워주지 못한다는 사실을 잘 알고 있다. 사실 이런 목표들은 종종 교묘하게 달아나서 우리를 실망시키기도 한다.

나는 제임스가 특별히 힘겹게 싸웠던 일들, 인생의 방향을 새로 정하고 자신을 받아들이기 위해 소비한 힘에 대해서 생각했다. 세상과 많은 사람들은 "제임스가 해냈어"라고 말했다. 그러나 우리 가족은 그렇지 않다는 것을 알았다. 여러 번의 폭풍이 제임스의 인생에서 사납게 날뛰었고, 제임스는 그런 폭풍에 세차게 맞아 멍이 들었다. 그러나 나는 이번이 마지막 폭풍이었고, 그 폭풍으로 인해 제임스가 강타당하거나 멍들지 않았다는 사실을 의심하지 않았다. 지금 제임스는 천국에서 온전하고, 건강하고, 하나님의 영광의 빛 안에서 걷고 있고, 안전하다.

"네, 주님. 예수님 말씀의 지혜의 주권 아래 제 마음을 굴복시킵니다. 죽는 날이 출생한 날보다 더 낫다는 말씀에 동의합니다."

이런 고백은 제임스가 지금 어디에 있는지 내가 알고, 장차 제임스를 다시 보리라는 사실을 알기 때문에 가능하다. 이것은 단순한 희망사항도 아니고 나의 상실을 받아들이기 위한 방법도 아니다. 복음이다.

제임스는 꼬마일 때 그리스도를 주님과 구원자로 영접하겠다고 기도했다.

"영접하는 자 곧 그 이름을 믿는 자들에게는 하나님의 자녀가 되는 권세를 주셨으니"(요 1:12).

그리고 자신에게 구원자가 필요하다는 점을 언제나 민감하게 의식했다.

"하나님이 세상을 이처럼 사랑하사 독생자를 주셨으니 이는 그를 믿는 자마다 멸망하지 않고 영생을 얻게 하려 하심이라"(요 3:16).

제임스는 자신의 행위로는 죄를 용서받을 수 없다는 사실을 완벽하게 깨달았다.

"너희는 그 은혜에 의하여 믿음으로 말미암아 구원을 받았으니 이것은 너희에게서 난 것이 아니요 하나님의 선물이라 행위에서 난 것이 아니니 이는 누구든지 자랑하지 못하게 함이라"(엡 2:8,9).

제임스는 인생의 불안정한 기복을 겪는 내내 하나님의 선하심과 놀라운 은혜에 대한 강한 믿음을 잃지 않았다. 그가 세상을 떠나기 닷새 전에 마지막으로 통화했을 때였다. 우리는 종종 그랬던 것처럼 함께 기도하고 통화를 마쳤다. 그때 제임스가 마지막으로 남긴 말은 '언제나 함께하면서 매일 필요한 것들을 주시는' 하나님께 감사드린다는 말이었다. 내가 "사랑해"라고 말했고, 그렇게 제임스의 굵은 목소리를 들을 수 있는 마지막 전화통화가 끝났다.

우리 교회 목사님은 매우 직설적인 분이다. 있는 그대로 솔직하게 말한다. 그러나 남편과 나는 목사님이 우리의 눈을 정면으로 응시하고 절대적으로 확신하면서 상기시켰던 말을 결코 잊지 못할 것이다.

"제임스는 런던에도 있었고, 샬럿에도 있었고, 케냐에도 있었어요. 그리고 지금 제임스는 천국에 있습니다. 천국은 그런 장소들 어느 곳과 마찬가지로 실재해요. 두 분은 제임스가 지금 어디에 있는지, 그리고 결코 다른 어떤 곳으로도 가지 않았다는 것을 정확히 알고 있습니다. 그런데 뭐가 문제이겠습니까?"

목사님의 말에 강한 확신을 느꼈다. 목사님은 천국이 문자 그대로 실재하는 공간이라는 것을 일깨우셨고, 천국에서 살아가는 제임스를 마음의 눈으로 그려볼 수 있도록 도와주었다. 평소 제임스가 방랑벽이 있었기 때문에, 나는 제임스가 마침내 영원히 거주할 곳으로 이사했다고 생각하면서 미소를 지었다.

마지막 폭풍

이 책에서 우리는 인생의 폭풍을 통과해 나가는 대단히 개인적인 여정에 대해 논하며 꽤 많은 시간을 보냈다. 나는 전에는 결코 말해본 적 없는 생각과 깨달음을 당신에게 전했다. 그리고 한 장(chapter)을 끝낼 때마다 당신을 위해 기도했다. 당신을 격려할 수 있도록, 당신이 폭풍을 통과해 나갈 수 있게 당신의 동반자가 되게 허락해달라고 기도드렸다.

글을 마치기 전에 대단히 중요한 질문 하나를 던지려고 한다. 당신은 인생의 마지막 폭풍이 지나간 뒤에 어디에서 영원히 살 것인가?

"다른 이로써는 구원을 받을 수 없나니 천하 사람 중에 구원을 받을 만한 다른 이름을 우리에게 주신 일이 없음이라"(행 4:12).

예수님은 우리 죄를 용서하시고, 그분의 피로 씻기시고, 의(righteousness)로 옷 입혀서, 거룩하신 하나님께 데려가실 수 있는 유일하신 분이다. 오랫동안 나는 교회를 섬기며 영적인 요소들에 관심을 갖는 삶이 나에게 필요한 전부라고 생각했다. 그러나 나의 영원한 삶이 안전하고 든든하다는 평화도, 확신도 없었다. 천국에 도달하는 목표가 선한 사람으로 열심히 일하는 삶에 달려 있다고 생각했기 때문이다. 따라서 구원이 나에게 달려 있지 않다는 진리를 깨달았을 때 내 마음에 안도감이 흘러넘쳤다!

당신의 영적 여정은 독특하게 당신에게 속해 있다. 예수님의 놀라운 능력 한 가지는 지금 우리가 살아가는 곳에서 한 사람 한 사람을 만나 부드럽게 그 이름을 부르신다는 것이다. 그 누구도 예수님의 사랑에서 제외되지 않는다. 예수님은 모든 사람들을 사랑으로 감싸 안으려고 언제나 손을 뻗고 계신다. 오직 예수님만이 우리를 알고, 이해하고, 돌보고, 사랑하고, 영원히 용서하신다.

예수님께 속한 삶은 많은 이점들을 가지고 있는데, 특히 우리 모두가 예수님과 개인적으로 관계를 맺을 수 있기를 진정으로 바라신다. 폭풍을 지나는 동안 예수님의 위로와 보살핌을 알아차렸는가?

만약 그렇다면 지금 발걸음을 멈추고 단순하게 "예수님, 감사드립니다"라고 말할 마음이 있는가?

이런 개인적인 방식으로 예수님을 알고자 하는 그것이야말로 믿음의 단순한 행위이다. 비록 우리가 그리스도 안에 있는 삶에 대한 모든 점들을 이해하지 못한다 해도, 그리스도께서 내놓으시는 이점들을 그리스도의 말씀을 통해 믿음으로 받으면, 그리스도와 교제하면서 그분 안에 있는 풍성한 삶을 체험하는 여정을 시작할 수 있을 것이다.

여기 좋은 소식이 있다.

"네가 만일 네 입으로 예수를 주로 시인하며 또 하나님께서 그를 죽은 자 가운데서 살리신 것을 네 마음에 믿으면 구원을 받으리라 사람이 마음으로 믿어 의에 이르고 입으로 시인하여 구원에 이르느니라"(롬 10:9,10).

마지막으로 당신에게 바란다. 예수님께 당신의 주님이 되어달라고, 구원자가 되어달라고 구하고 기도하라.

사랑의 주 예수님,
저는 죄인이고 주님은 구원자이심을 고백합니다. 저를 위해서 십자가에서 죽으셨으니 감사드립니다. 자기중심적이고 이기적인 삶에서 떠나 주님을 향해 돌아서기를 결심합니다. 주님이 나에게 주시려고 하는 풍성한 삶을 향해 돌아서기를 결심합니다. 예수님이 "길이요 진리요 생명이니 나로(예수님으로) 말미암지 않고는 아버지께로 올 자가 없다"(요 14:6)고 믿습니다. 예수님이 "부활이요 생명이니 나를(예수님을) 믿는 자는 죽어도 살겠고"(요 11:25)라고 제 입으로 고백합니다. 예수님이 저의 주님과 구원자이심을 믿음으로 영접합니다. 예수님의 이름으로 기도드립니다. 아멘.

오늘, ⋯⋯⋯⋯ (날짜를 적어라), 나는 그리스도께 속하라는 은혜의 초대를 받아들였다. 나는 그리스도 안에서 영원히 든든하다.

"내가 하나님의 아들의 이름을 믿는 너희에게 이것을 쓰는 것은 너희로 하여금 너희에게 영생이 있음을 알게 하려 함이라"(요일 5:13).

축하하고 기념할 일이다! 당신은 아픈 마음으로 환경에 휘청거리면서 이 여정을 시작했다. 그러나 환경은 더 이상 당신을 지배하지 못한다. 당신이 주님이신 예수님과 함께할 때 예수님이 당신의 삶에 임하여 당신이 인생의 여정을 잘 지나갈 수 있도록 모든 발걸음을 안내하고 이끌어주고 계시기 때문이다. 당신의 시각은 더 이상 이 세상에 제한되지 않는다. 이제 당신은 예수님의 눈을 통하여 더 분명하게 본다. 당신은 견고한 반석 위에 서 있다!

나의 생명선

인생의 마지막 폭풍이 당신을 예수님 앞으로 데려간다는 진리를 알면, 이 세상에서 부닥치는 다른 모든 폭풍들의 힘이 예전처럼 사납게 느껴지지 않는다. 그리스도의 생명이 내 안에 있으면, 성령님이 내 삶에 임하셔서 폭풍이 던져놓은 시련과 난관을 잘 지나갈 수 있도록 안내하고 이끌어주신다. 구원의 선장께서 인생의 모든 소란과 방해를 뚫고 항해하는 법을 알려주실 것이다. 그 무엇이 당신을 쓸어버리거나 산산이 부숴버리겠다고 위협한다고 해도, 당신은 굳게 붙잡을 수 있는 생명선(lifeline)을 갖고 있다.

하나님이 미리 아신 자들을 또한 그 아들의 형상을 본받게 하기 위하여 미리 정하셨으니 이는 그로 많은 형제 중에서 맏아들이 되게 하려 하심이니라 또 미리 정하신 그들을 또한 부르시고 부르신 그들을 또한 의롭다 하시고 의롭다 하신 그들을 또한 영화롭게 하셨느니라

롬 8:29,30

만일 당신이 하나님을 사랑한다면, 당신 삶의 그 무엇도 쓸모없지 않으며 당신의 폭풍 또한 헛되이 낭비되지 않는다고 확신해도 좋을 것이다. 하나님께서는 그 모든 것들을 함께 사용하고 계신다. 하나의 사건이나 상황을 별개로 떼어놓고 보는 것은 좋지 않다. 그

분은 완벽한 지혜와 계획 아래에서 당신 인생의 모든 사건들과 상황들을 결합하실 것이고, 하나님의 때에 모든 것들을 올바로 정돈하시는 능력과 힘을 나타내시기 위해 그 사건과 상황들을 사용하실 것이다.

인생의 폭풍이 당신의 삶을 위해서 하나님의 선한 계획을 가져올 것이라고 믿기 바란다. 당신의 고통과 힘겨운 몸부림이 헛되이 낭비되지 않는다는 진리와 하나님께서 당신을 하나님의 형상에 일치시키기 위해 모든 것들을 사용하신다는 진리를 아는 데서 오는 위안과 확신을 지니기 바란다.

하나님의 진리는 변하지 않는다

환경은 계속 바뀌고 인생의 시기들은 끊임없이 흐르는 변화의 물줄기를 만들어낸다. 때로는 예상하지 못한 상황들 때문에 자연의 질서가 무너지고, 예측 불가능한 인생은 우리를 사납게 굽이치는 물에 내던진다. 그곳이 바로 진실하고, 한결같고, 변하지 않으시는 그리스도를 향해 손을 내미는 법을 배워야 하는 곳이다. 그리스도는 언제나 믿을 만하고 의지할 만한 분이라는 진리를 알면 정말 큰 위로가 된다.

"예수 그리스도는 어제나 오늘이나 영원토록 동일하시니라"(히

13:8).

인생길에서 우리가 발걸음을 뗄 때마다 예수님도 함께 발걸음을 떼신다. 어제 나에게 먹구름이 몰려오기 시작했을 그때에도 예수님은 거기에 계셨다. 사나운 바람이 불고 거센 파도가 몰아치는 동안에도 예수님은 거기에 계셨다. 오늘 빛줄기가 구름을 뚫고 나오고 새 날이 밝아올 때도 예수님은 여기에 계신다. 나는 이것이 끝이 아님을 확신한다. 예수님이 영원히 함께하시겠다고 약속하셨기 때문이다. 예레미야애가에 나오는 아름다운 말씀을 잘 들어보라.

"여호와의 인자와 긍휼이 무궁하시므로 우리가 진멸되지 아니함이니이다 이것들이 아침마다 새로우니 주의 성실하심이 크시도소이다 내 심령에 이르기를 여호와는 나의 기업이시니 그러므로 내가 그를 바라리라 하도다"(애 3:22-24).

이 말씀을 마음의 금고에 잘 간직하라. 새로운 폭풍과 불확실한 상황을 만나거든 결코 변하지 않는 친밀한 동반자 예수님의 성품을 의지하라. 그분의 신실하심은 영원히 지속된다. 당신을 위해 넓은 곳을 준비하시고 그곳까지 잘 헤치고 나가게 하시는 예수님께 소망을 걸어라.

이 여정 동안 당신 곁에 다가갈 수 있도록 허락한 것에 대해 감사의 뜻을 전한다. 부디 이 책을 읽으며 힘을 얻었기를 소망한다. 계속 길을 가야 하는 이 시점, 당신을 위해 내 마음을 하늘에 계신 우리 아버지의 마음을 향해 기도로 올려드리고 싶다.

사랑의 주님,

우리는 아픈 마음으로 환경에 휘청거리면서 이 여정을 함께 시작했습니다. 그러나 우리가 슬픔과 고통을 주님께 맡길 때, 주님은 그것들이 결코 헛되이 낭비되지 않는다는 진리를 가르치셨습니다. 주께서 우리 인생의 폭풍에서 나오는 생명과 축복을 우리를 위해 가지고 계신다는 것을 믿습니다. 마음으로 준비해야 할 영적인 준비물들을, 주님이 새로 공급해주시는 물자들로 잘 갖추어놓도록 도우소서. 넓은 곳으로 이끄시고 끝이 아님을 보여주시니 감사드립니다. 천국이 최종 목적지이면 그 무엇도 우리를 지금부터 영원토록 난파시키지 못한다는 점을 확신할 수 있습니다. 주님은 모든 폭풍보다 강하십니다. 주님을 찬양합니다. 그리고 감사드립니다. 예수님 이름으로 기도드립니다. 아멘.